JN321992

感覚統合をいかし
適応力を育てよう 2.

発達障害の子の

作業療法士
監修 木村 順

読み書き遊び コミュニケーション遊び

健康ライブラリー スペシャル

講談社

まえがき

「適応能力」という難しいことばがあります。学問的に正しいか否かは別にして、私は「そのとき・その場・その状況に合わせていく力」という意味で使っています。この能力があるからこそ、私たちは、さまざまな場面で状況を打開していくことができるのです。

第一巻の「感覚遊び・運動遊び」と同様、本書の対象となる子どもたちも「知的な遅れはなく（ときに高い知能指数をもつ子どももいて）、手足のマヒもなく、みえているし聞こえている」にもかかわらず「○○ができないままでいる、××をしでかしてしまう」ので、「わかっているうの！」と叱られたり、「よくみてなさい（気持ちがたるんでる）！」「ちゃんと聴いていない（努力不足だ）からでしょ！」と注意されてしまうのです。これが「適応能力低下」の状態です。

第一巻では、「適応能力低下」の背景に「感覚の使い方のくずれ」があることをふまえて、そこから生じる「不器用さ」や「感覚の過敏さ」などへの対策を紹介してみました。本書でも同じく「感覚の使い方のくずれ」を背景にしながら、「読む・書く・話す・聴く・計算する」といった課題をテーマにして、そこでつまずく子どもたちとの関わり方を紹介していきます。

ただし、ここに大きな「落とし穴」があります。それは、育てる側の『私』に『適応能力』があるか？」という課題です。第一巻でも共通していることですが、紹介されている「方法」を、料理本のレシピのように「本のとおり」に実施しても、必ずしも「よき成果は得られない」という事実です。ウソを書いているつもりはありませんが、本にするときは「一般的な状態への対策」しか表現できないのです。

大切なことは、『この子』の状態を、そのとき・その場・その状況に合わせて『読みとりながら』実践していくこと」なのです。そういう意味で、「子どもに関わる『私』の『適応能力』が、子どもの育ちを支えていく、ということを念頭に置いて実践していただくことを願いながら、この本をお届けしたいのです。お読みいただいた方にとって、ひとつでもお役に立てれば幸いです。

二〇一一年七月一九日（母の八七歳の誕生日に）

作業療法士　木村　順

3 適応能力を育てる15の「遊び」 53

4 「正しく」より「楽しく」が大事……87

木村先生からのMessage

花粉症の人が、杉林で花粉に慣れる特訓をするでしょうか?

1

花粉症は、アレルギー性の症状です。花粉が目や鼻などの粘膜についたとき、体にアレルギー反応が起きて、くしゃみや鼻水、涙などが出ます。

2

体にそなわった反応なので、気のもちようでは治せません。悩ましい病気です。花粉症の人は、症状をおさえるための治療や工夫にとりくんでいます。

POINT

理解されやすい

花粉症は、誰もが知っている症状。春にくしゃみをしていれば、周囲の人に「花粉症ですか」「大変ですね」などと理解してもらえる。

花粉の舞う季節には、くしゃみ・鼻水が止まらない

「花粉症の杉林特訓」をしても苦しいだけ。誰でもわかる

3 では、もしも花粉症の人を杉林に連れて行って、花粉に慣れるための特訓をしたら、どのような結果が出るでしょうか。

4 花粉にさらされ、アレルギー症状が出て、苦しい思いをしますね。がまんして、花粉に慣れようとしても、反応をおさえることはできません。

POINT

がまんやくり返しでは治らない

人間がもっている性質には、がまんやくり返しではかえられないこともある。花粉症もそのひとつ。

がまんするよりも、生活を工夫するほうが、はるかに有意義

5 ふつうは、花粉に慣れることよりも、暮らし方をかえて花粉をさけ、症状の出現をおさえることをめざします。マスクや空気清浄機を使えば、生活しやすくなります。

木村先生からのMessage

「がまん」「くり返し」の練習が、子どもを困らせています

1 「花粉症の杉林特訓」が悪い冗談だということは、すぐにわかります。しかし現実には、私たちは「杉林特訓」のようなことをしてしまいがちです。

2 たとえば、書字が苦手な子への指導。大人は「練習あるのみ」と考え、書きとりの課題を出しがちです。それは、すべての子にあてはまる指導法ではありません。

子どもの作文をみて、字が乱れていたら、なにか指導したくなるのは当然

POINT

理解されにくい

花粉症のような身体症状は、背景が理解されやすい。書字が苦手なことの背景はさまざまだが、詳細は理解されにくい。

3 　書字を苦手とする子のなかには、手先の動作が不得意な子や、視線を上手に動かせない子がいます。その子たちは、練習だけでは字がうまくなりません。

つきっきりで書き方の特訓。それで上達する子もいるが、そうでない子もいる

POINT

自己有能感がけずりとられる

　努力しても結果が出ないことが続くと、子どもは自分を否定的にとらえるようになる。努力不足だと感じ、自信を失っていく。

4 　練習しても上達しない。だから練習をくり返す。それでも、ほかの子ができることができない――。子どもは自分の力を信じられなくなっていきます。

父が毎晩、書きとりの特訓をしたがることに、子どもはうんざり

5 　悩みの背景に体の使い方のトラブルがあるときには、特別な対応が必要です。そこに目を向けず、がまんさせるのは、「杉林特訓」と同じようなことなのです。

木村先生からのMessage

その子に合ったやり方で、遊びを通じて適応力を育てましょう

POINT

楽しく学ぶ

特訓はがまんを強要し、自信を失わせる。遊びを活用すれば、楽しみながら学ぶことができ、自信にもつながる。

1 子どもの悩みの背景を知って、対応をかえましょう。一人ひとりに合ったやり方が、必ずあります。たとえば手先の動作のトラブルがある場合には、タッチングクイズ（74ページ参照）が役立ちます。

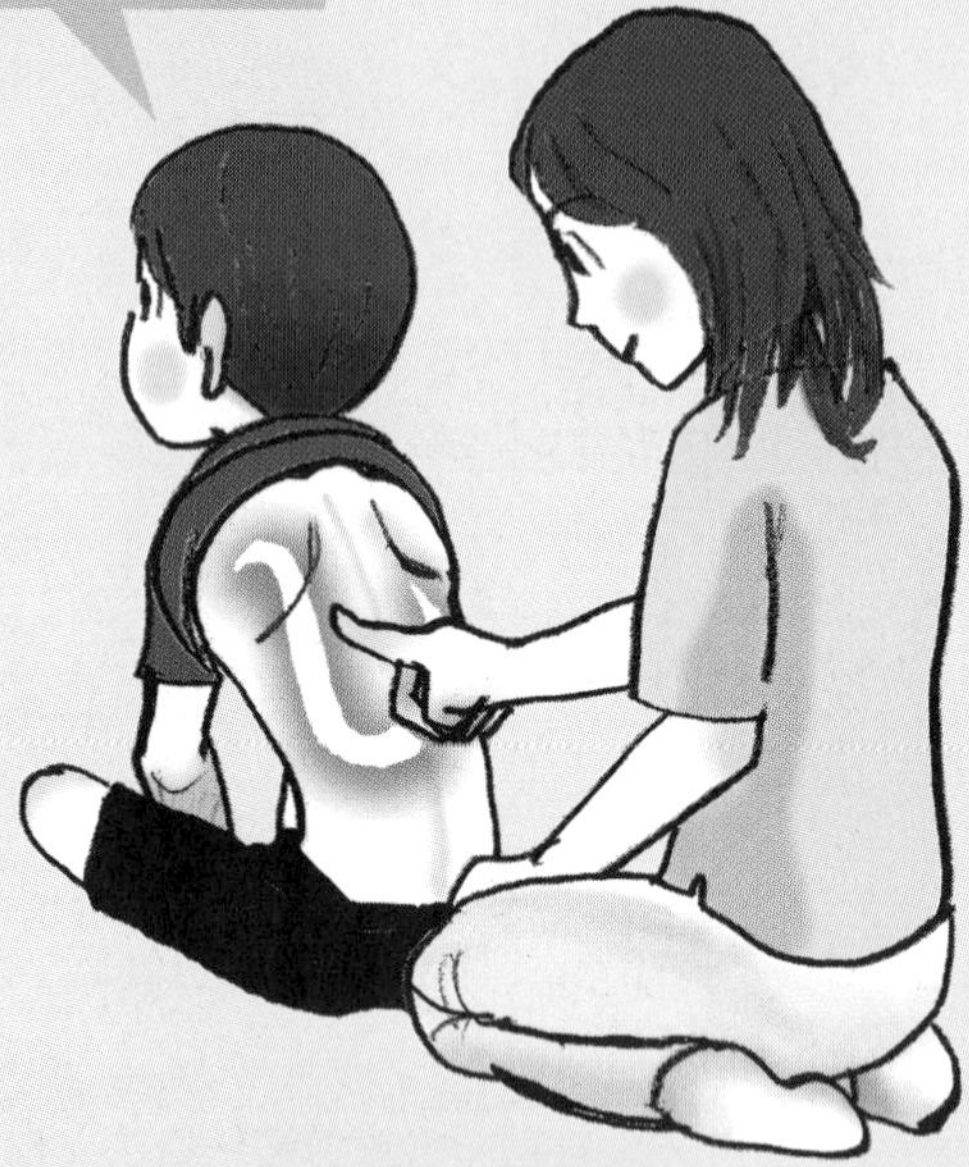

親が子どもの背中にふれて、どこをさわっているか、当ててもらう遊び。背中に○や△、文字などを書き、形を当ててもらうのもよい

2 目でみて文字の書き方を学ぶ前に、自分の体の位置関係で情報をつかむ練習をするのです。それによって、文字をイメージしやすくなります。花粉症と同じように、問題の背景を理解することで、適切な対応がみえてきます。

書字に役立つ遊びにはほかにも「コイン遊び」があります。第１巻『発達障害の子の感覚遊び・運動遊び』で紹介しています。ぜひご覧ください。

1 「ことば」に戸惑う子どもたち

「ことば」を使いこなせなくて悩んでいる子がいます。
大人はその様子をみると「理解力が弱いんだ」などと決めつけ、
読書や問題ドリルの復習などを指示しがちです。
しかし、話し言葉がうまく理解できない子と、
文章が頭に入りにくい子では、必要な対応は異なります。
悩みの背景に目を向けることが大切です。

ことばのインプット・アウトプットに注目！

「ことば」は重要なツールです。その使い方が身についていないと、生活のあらゆる場面で困難を抱えることになりがちです。

ことばの悩みの全体像

ことばのインプット・アウトプットの両方をくわしくみることで、子どもの抱える悩みの全体像がみえてきます。

インプット

読む

文章を読みとばしたり、読んでも理解できなかったりする

➡ **眼球運動、視空間認知、文章読解力、集中力などの問題が考えられる**

聞く

口頭で指示されたことが正確に把握できず、あとで困る

➡ **聴覚弁別《べんべつ》、聴覚記憶、意味理解、集中力などの問題が考えられる**

先生の説明が理解できず、見当違いの返事をすることが多い

アウトプット

書く

文字や図形、絵を書くときに構図がとれない。書体や書き順がわからない

➡ **視覚記憶、視空間認知、手先の器用さなどの問題が考えられる**

話す

言いたいことを、自分の好きなだけ話す。ことばにつまる子もいる

➡ **単語の検索力、話の順序性、発音などの問題が考えられる**

行動の苦手さが背景に

ほかの人の様子や状況に合わせて、行動を調節することが苦手

「ことば」を使いこなせないのはなぜか

「ことば」の理解や応用が苦手な子は、勉強やコミュニケーションに困難を抱えがちです。本書ではそういった子どもたちを紹介し、対応策を解説しています。

大人は、子どもが「ことば」を使いこなせないでいると、「勉強不足」「努力不足」などと考えてしまいがちです。

実際には、多くの場合、子ども本人も保護者も一生懸命努力しています。それでもなかなか問題が解決せず、悩んでいるのです。

「ことばの悩み」は、必ずしも努力不足によって起きるわけではありません。背景に目を向け、適切な対応をとってください。

アスレチック施設で体を動かした結果、感覚がみがかれ、読み書きが上達した子もいる

原因も対応も人それぞれ

ことばの悩みには、さまざまな背景があります。子どもが困っている様子に気づいたら、周囲の人や専門家と相談して、その背景を理解するようにつとめてください。

原因はさまざま

視覚や聴覚など感覚面のトラブルがある場合もあれば、集中力や手先の器用さが関わっている場合もある

まず理解する

悩みの原因を安易に特定せず、専門家に相談して、悩みの背景にどのようなトラブルがあるか、把握する

対応をはじめる

背景を理解したうえで、それに合った対応をする。家庭や地域でできることも多い

1 読むのが苦手

教科書の文章を読みとばし・読み違いする

教科書を読みこなせない子には、読書のくり返しよりも適した対応があります。

Aくんの場合

小学３年生の男の子。ことばはわかっていて、会話には問題がないのですが、文章を読むことは苦手です。読みとばしが多く、文章の意味がなかなか理解できません。

1

国語の授業で、教科書の文章をある程度まとめて音読する課題が出た。ひとりずつ順番に挑戦。

あまりにぎこちない読み方をするため、まわりの子たちが笑ってしまった

2

Ａくんの順番がきた。慎重に読みはじめたが、途中でどこを読んでいるかわからなくなり、たどたどしい読み方に。

3

さらに、同じ行を２回読むなど、ミスを連発。はずかしい思いをして、音読が嫌いになってしまった。

音読も黙読も苦手

読むのが苦手な子は多くの場合、音読も黙読も、同じように不得手です。音読だけが苦手な場合は、発音や発声の問題の可能性があります。

テスト中、問題の意味が読みとれず、途方にくれる

よくある悩み

- 行を読みとばす。1行ずつ読むことが苦手
- 簡単なことばを読み間違える。字の形を誤る
- 読みとれたことばだけ、ひろい読みする
- 音読でも黙読でも、文章の内容が理解できない

●眼球運動の問題か注意力不足

読みとばしや、簡単な字の読み違いには、❶眼球運動の機能の弱さが関わっています。字を目で追うことが苦手なのです。❷AD/HDの不注意の特性が関与している場合もあります。読むだけでなく、聞くのも苦手なら、言語理解の問題だと考えられます。

↓

もしくは

- ●文章読解力が育っていない
- ●単語の検索機能が弱い

対応

❶にはP58の**ことば探し**やP80の**バランス遊び**。眼球運動を働かせる経験によって目の動きがととのい、文章を順番どおり読めるようになっていく。P62の**間違い探し**は、❷の注意力を鍛えるとともに、文字の形を見分ける体験を積むことができる。

2
書くのが苦手

字を書くと、文字の大小や向きが乱れる

かなや漢字の書きとりは、練習すれば上達するようにみえますが、そうともかぎりません。

Bくんの場合

小学1年生の男の子。幼稚園にかよっていたころは文字学習はしていませんでした。入学してから字を書きはじめました。

1

いざ書いてみると、ひらがなにもひと苦労。字の形を間違えたり、バランスがくずれたりしやすい。

机にかじりつくようにして、必死に書くが、文字の大小がととのわない

字も絵も乱れがち

字の上手下手だけにとらわれず、書くこと全般の様子をみましょう。マスから出ることと、鏡文字になることでは、背景が異なる場合もあります。

よくある悩み

筆圧が極端に強かったり、弱かったりする

絵を書くときも字と同様にバランスがくずれる

行を意識して、まっすぐ書くことが難しい

とくに漢字が書けない。へんとつくりが逆になる

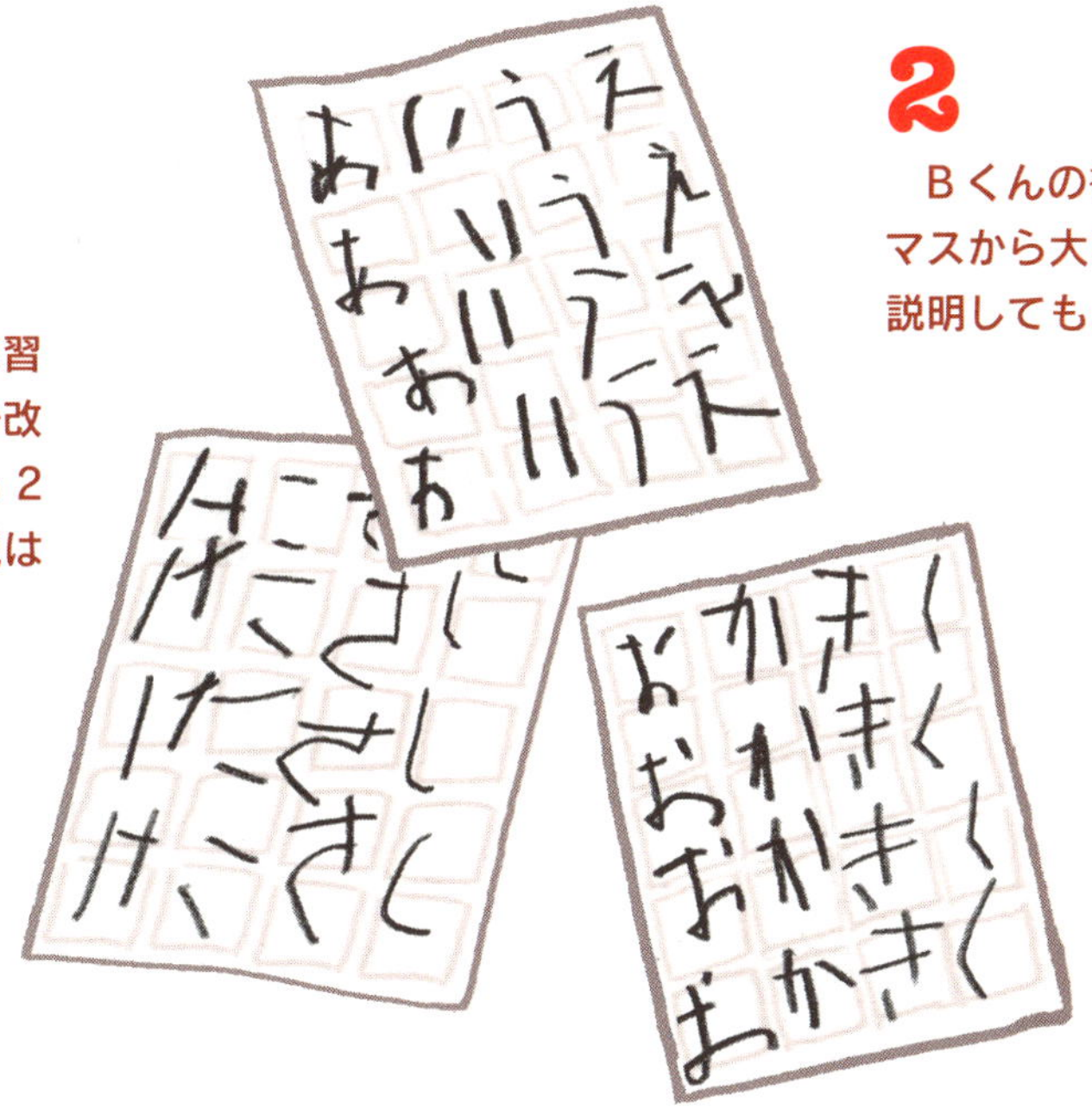

2

Bくんの書く文字は、いつもマスから大きくはみ出す。何度説明しても、結果は同じ。

3

学校でも家庭でも練習しているが、なかなか改善しない。そろそろ2年生になるので、両親は心配している。

両親が書き方練習帳を何冊も買い、くり返し練習させた

●手の巧緻《こうち》動作が未発達

書字の悩みは、❶手の巧緻動作の問題から生じていることが多いです。❷筆圧の調整を苦手とするなど、不器用さがみられます。鏡文字や絵の苦手さには、下の❸❹が関わっている可能性があります。

↓

もしくは
- ●❸バランス感覚の乱れ
- ●❹文字の形の認知が難しい

対応

P74の**タッチングクイズ**やP78の**ぴったりジャンプ**をすると、❹字の形や書き順を意識する経験ができる。P80の**バランス遊び**で❸バランス感覚をみがくのもよい。❶❷には外遊び。公園やアスレチック施設で手を使って遊ぶ。

❶❷の調整につながる「アスレチック遊び」「コイン遊び」を第1巻でくわしく紹介しています。

3 計算が苦手

年齢相応の計算問題が解けない

算数が苦手な子は大勢いますが、たし算や引き算など、簡単な計算に困難がある子には、対応が必要です。

Cさんの場合

小学２年生の女の子。入学以来、ずっと算数が苦手です。たし算や引き算をするとき、くり上がりやくり下がりがよくわかりません。

1

Cさんは算数の問題を素早く解くことができない。ひとつずつ、指折り数えて考えるため、計算に時間がかかる。

宿題があっても放り出して、テレビをみはじめる。気力がわかない
ドリル
かきとり

2

算数への自信はまったくない。やる気もなくなってしまい、問題にとりくむことさえ、しなくなっている。

3

最近は「算数なんてできなくても生きていける」が口ぐせ。その気持ちがほかの教科にも広がってしまいそう。

母親が「みかんはあと何個くらい残っている？」と聞くと、10 個くらいだという見当がつかず、悩んでしまう

数量がよくわからない

ただ苦手なだけなら、練習問題にとりくむことで状況はある程度改善します。しかしCさんのように、計算の基礎となるような数式に困難を抱えると、解決は容易ではありません。

ぱっとみて、ものの個数を把握するのが苦手

数量を比較するのも難しい

大小や長短、高低の区別が苦手

よくある悩み

●数の概念が身についていない

❶数の概念が理解できていない可能性があります。数を「順序性」と「数量」の２本柱で学んでもらいましょう。❷眼球運動が未発達で、ものを一つひとつ数える「ポインティング」が身についていないことも考えられます。

↓

もしくは

- ❸注意力不足で計算を間違う
- 短期記憶を残すことが苦手

対応

P68 の**順番クイズ**で順序性を、P70 の**かたまりクイズ**で数量を学ぶ。どちらも数字や計算式を意識せずに ❶数の概念が身につく。かたまりクイズではポインティングの基礎となる「1 対 1 対応」も学べる。❷眼球運動、❸注意力には P80 の**バランス遊び**。

4 文章題が苦手

筆算はできるのに、文章題はわからない

算数の悩みでもうひとつ多いのが、文章題が解けないこと。計算が苦手なこととは、性質が異なります。

Dさんの場合

Cさんと同じように算数を苦手とする、小学3年生の女の子。ただし、Dさんは簡単な暗算はできます。

1

Dさんは年齢相応の計算をすることができる。筆算の問題ならほとんど悩まず、すらすらと解ける。

2

ところが、文章題になると、とたんに苦手に。計算の難易度が筆算とかわらなくても、解けない。

筆算の問題で指名されたときは正答を書く

3

たし算を示す文章題が続くと、そのあとに引き算を示す文章題が出ても、たし算で答えてしまう。文章の内容をよく理解していない。

「275円のものを買うときに500円玉を出したら、おつりはいくら？」という問題を読んで、たし算をしてしまう

意味が読みとれない

文章題が苦手なのは、そのままズバリ、文章を読むことが苦手だから。文意を読みとることに苦労しています。想像力が乏しい場合もあります。

よくある悩み

文章の内容を具体的に想像できない

教科書を読んでいるようだが、理解していない

算数だけでなく、国語の文章題も苦手

教科書を開き、文章に目をとおしても、意味がなかなか理解できない

●文章読解力が育っていない

算数の文章題では、文章を読んで要点をつかみ、数式をつくる力が求められます。❶文章の意図理解や要点理解が困難な子は、計算ができても文章題はできない状態に陥りがちです。❷数の概念が身についていない子は、筆算も文章題も苦手です。

↓

もしくは

- ●❸読みとばし・読み違いが多い
- ●注意力不足で数字などを見逃す

対応

❶には P66 の**なぞなぞ遊び**。ただし、問題を紙に書いてみせ、本人に声を出して読んでもらうことがポイント。視覚を使って文章を読んでもらう。❷は P68 の**順番クイズ**、P70 の**かたまりクイズ**。❸読みとばしが多い子には P58 の**ことば探し**がよい。

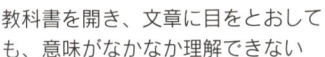

5 話が聞けない

大人の指示を理解できないことが多い

大人は「指示がとおらない子」を叱りがちですが、注意するだけでは事態が改善しない場合もあります。

Eくんの場合

小学5年生の男の子。人の話を聞くのが苦手です。きちんと聞いても、指示や説明を正確に理解できません。

1

Eくんは、とくに集団行動をしているときに、指示を聞き間違えたり、聞きもらしたりする。

林間学校のとき、翌朝の予定を聞き間違えた

2

聞き直したり、まわりの子に確認したりする習慣がない。そのため、聞き間違いが問題になりやすい。

無視しているわけではない

聞くことの悩みには、聞いたうえで単語や意味をとり違えるパターンと、そもそも聞きもらしているパターンがあります。どちらも本人は一生懸命で、大人の言うことを無視しているわけではありません。

話が理解できていなくても、ほかの子と同じように元気よく返事をしてしまう

よくある悩み

- よく似た発音の聞き分けができない
- 指示が複数あると混乱してしまう
- 聞いたことを具体的にイメージできない
- 途中で気がそれて、話を聞きもらす
- 聞いてはいるが相手の意図がわからない

●聴覚の問題か、理解力か注意力か

同じ「聞けない」にもさまざまな背景があります。聞き違いは❶「聴覚弁別」が未発達で音の聞き分けができない子に多い現象。聞いてはいるのに行動が伴わないのは、❷「聴覚記憶」の問題か、❸理解力のトラブルか。聞きもらしには❹注意集中力が関わっています。

↓

もしくは

●**アスペルガー症候群の特性があり、相手の意図がわからない**

対応

P60の**カード遊び**で、❶単語の聞きとり能力を鍛える。P66の**なぞなぞ遊び**は、問題を口頭で読み上げる形式でおこなえば❸に有効。P72の**タッチング遊び**で❹集中力をつけると、❷聴覚記憶の能力も同時に向上する。

6

説明が苦手

考えをことばでうまく表現できない

人の言っていることは理解していて、行動で反応することはできているのに、ことばが出ない子がいます。

Fくんの場合

小学２年生の男の子。人の話をよく聞く子ですが、なにごとも態度や行動で示し、ことばで説明することはほとんどありません。

1

Fくんは、大人の指示を理解して、行動することができる。聞きとる能力はあり、理解力ももっている。

「ママ、あれ！ あれ！」などと、指示代名詞で表現する。なにを求めているか、わかりにくい

2

Fくんにも言いたいこと、伝えたいことはあるようだが、それが上手に説明できない。「あれ」「これ」など指示代名詞を多用する。

3

両親でも、Fくんの希望を明確に感じとることは難しい。ことばで説明できるようになってほしいと思っている。

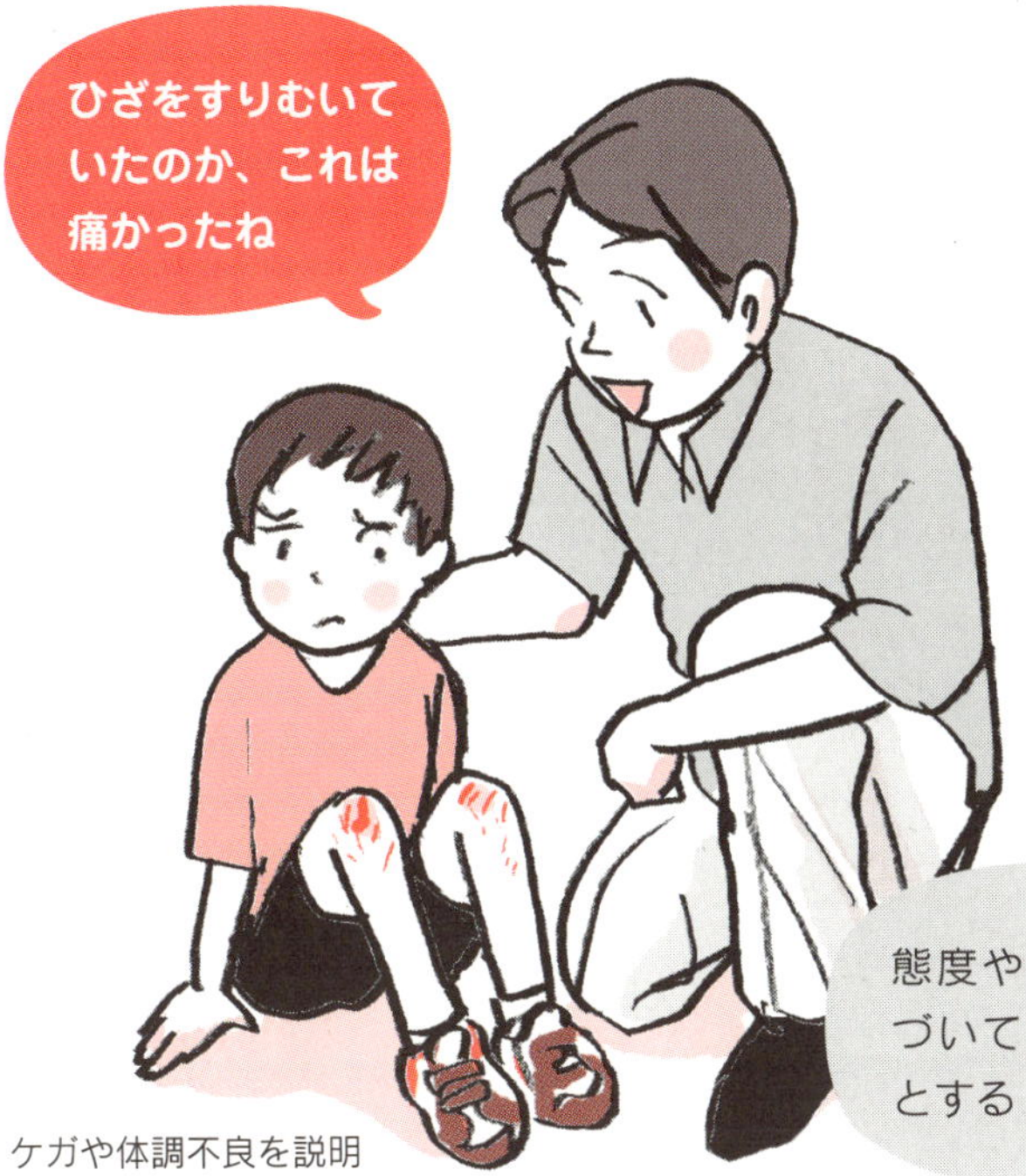
ひざをすりむいていたのか、これは痛かったね

ケガや体調不良を説明できず、気づいてもらえるまで待っている

聞きとれるけど、話せない

言いたいことがあるのに説明ができないのは、表現方法を身につけていないから。コミュニケーションが不足し、悩みを抱えこみやすい状態です。

よくある悩み

- ほかの人がことばにするのを待っている
- 話しことばの「てにをは」が抜ける
- 態度や行動で気づいてもらおうとする

どうして説明できないの？

●ことばの表出能力の問題

自分の気持ちにぴったり合った❶ことばがすぐにくり出せないという背景が考えられます。ほかには、言いたいことの❷起承転結を組み立てるのが苦手な場合もあります。❸文章をつくる力そのものが未発達で、単語しか出ない子もいます。

↓

もしくは

- ●AD/HDの特性「衝動性」があり、考える前に発言している
- ●アスペルガー症候群があり、社会性が弱い

対応

❶ことばのくり出しをスムーズにするためにはP64の**しりとり遊び**、❷❸考えを文章にするためにはP66の**なぞなぞ遊び**が、それぞれ役立つ。子どもに言いたいことを文字で書いてもらい、それを音読してもらうのも、話すための練習になる。

※大人がミュージカルのように、話しことばにリズムとメロディをつけて問いかけると、ことばが出やすくなる子もいます。ドレミの歌の節で「今日はなに食～べ～たい？」などと聞いてみましょう。

7 会話が苦手

大声・早口で、話し相手にいやがられる

話す内容は整理されているのに、話し方が独特なせいで、相手に伝わらないという悩みをもつ子もいます。

1

Ｇくんや H さんの個性的な話し方は、彼らの長所でもあるが、場面によって調節できないために、ときには問題になる。

友達が授業中にひそひそ話をはじめると、Ｇくんは大声で参加

Gくんの場合

小学２年生の男の子。明るい性格の人気者ですが、元気がよすぎていつも大声で話すことが、玉にきずです。

Hさんの場合

小学３年生の女の子。おしゃべりが大好きで、四六時中、家族や友達相手に好きなアイドルの話をしています。

あまりに早口で、友達には聞きとれない

2

家庭では、大声や早口でも話が伝わることがある。しかし学校や外出先では、意図を相手になかなか伝えられない。

話し方の悩みはさまざま

同じ「話し方の悩み」でも、声の大きさの問題と、話す速さの問題では、背景が異なります。

よくある悩み

大声
いつも大声。場面に応じて声の大きさを調節することができない

早口
つねに早口で話す。まわりの人が聞きとれないくらいの速さ

吃音《きつおん》
ときおり、つっかえながら話す。ことばにつまるときがある

発音が不明瞭
ま行やぱ行などの発音が苦手で、幼児のような発音をしている

●力加減やリズムの調整が苦手

話し方がぎこちないだけで、話している内容には問題がない場合には、体の使い方のトラブルが考えられます。大声には❶力加減、早口・吃音には❷リズム感、発音の不明瞭さには❸ボディイメージの未発達が関わってきます。

↓

もしくは

●アスペルガー症候群の特性があり、自分の話し方がほかの子と違っていることに無自覚

対応

P82の**ポーズ&キープ**で全身の力加減を学ぶと、❶声の大きさの加減もできるようになっていく。❷には全身のリズム感を育てる方法としてP76の**リズミカルジャンプ**。❸で口や舌を動かすのが難しいなら、口元を中心にP72の**タッチング遊び**をする。

8 空気が読めない

突飛な言動が多く、友達ができない

よけいなひと言が多く、友達ができない子。空気が読めないことには独特の背景があります。

Iさんの場合

小学４年生の女の子。よく言えば無邪気、悪く言うと空気が読めない子です。思ったことをなんでも口にします。

1

風邪をひいて休んでいた友達が、ひさしぶりに登校。入浴していなかったため、体臭が少し強かった。

2

相手のことを思って、あえて黙っておくということが、Iさんにはなかなかできない。ほかの子はできている。

友達に、面と向かって「くさい」と伝えてしまう

3

Iさんは性格が冷たいわけではない。悪気もない。本人は友達と仲良くしたいのだが、それができず、悩んでいる。

電車の話をしはじめると止まらない。相手が別の話をしていても、割りこんでいく

人の気持ちを察することが苦手

相手かまわず、自分の好きなことを話す

突然、難解な用語を使い出す

よくある悩み

相手の気持ちがわからない

友達を思いやる気持ちはあるのですが、友達の本心を表情や態度などから読みとることが苦手です。そのために、不本意ながら、相手を傷つける言動をしてしまいます。

POINT

理屈で説明してほしい

Ｉさんのような子は、感性で人の気持ちや場の空気を読みとるのが苦手なだけ。なぜ友達が怒ったのか、理屈で説明すれば納得する。

どうしてこんなにマイペースなの？

●アスペルガー症候群の特性がある

「空気が読めない」のは、アスペルガー症候群の子によくみられる特徴のひとつです。なにごとも論理で考えがちで、感性を働かせて理解するのは苦手。❶人の表情やまなざし、動作、しぐさなど「ことば以外の情報」を読みとることが、なかなかできません。

↓

さらには

●支援が得られないと人間関係がこじれ、二次障害としていじめにあったり、非行に走ったりすることがある

対応

P56の**テレパシーゲーム**にとりくみ、大人の様子をよくみる経験を積むと、❶人の気持ちを読みとる力がついていく。場面や道具をかえて、バリエーションを増やすとより効果的。落ち着きのなさがある場合にはP72の**タッチング遊び**も有効。

※空気が読めないことへの対応は、遊びよりもまず、理屈できちんと説明すること。そのうえで、テレパシーゲームなどにとりくんでください。

9

ルールに
無《む》頓着《とんちゃく》

遊びのルールがわからない・守れない

遊びや生活のルールを守れない子も、友達づくりに悩むものです。ルールの理解の仕方と使い方を教えましょう。

Jくんの場合

小学４年生の男の子。スポーツが大好きで、どんな競技にも興味を示します。好奇心旺盛な子です。

まずはほかのチームどうしがPK戦をスタート。Jくんはおしゃべりしていた

1

体育の授業でサッカーをしていたJくんたち。PK戦をやることになり、いくつかのチームに分かれた。

自分勝手にみえる

ルール関連のトラブルを起こしやすい子は、自分勝手にみえてしまい、友達からさけられがちです。悪気はないのですが、それゆえ問題意識をもつこともあまりありません。

よくある悩み

ルールはわかっているが、とっさに手が出る

順番を待てない。横入りをする

ルールを守るべきときになっても、それに気づかず、好きなことをしている

説明されてもルールに納得できない

Jくんが突然走りよってシュート。ける準備をしていた友達はびっくり

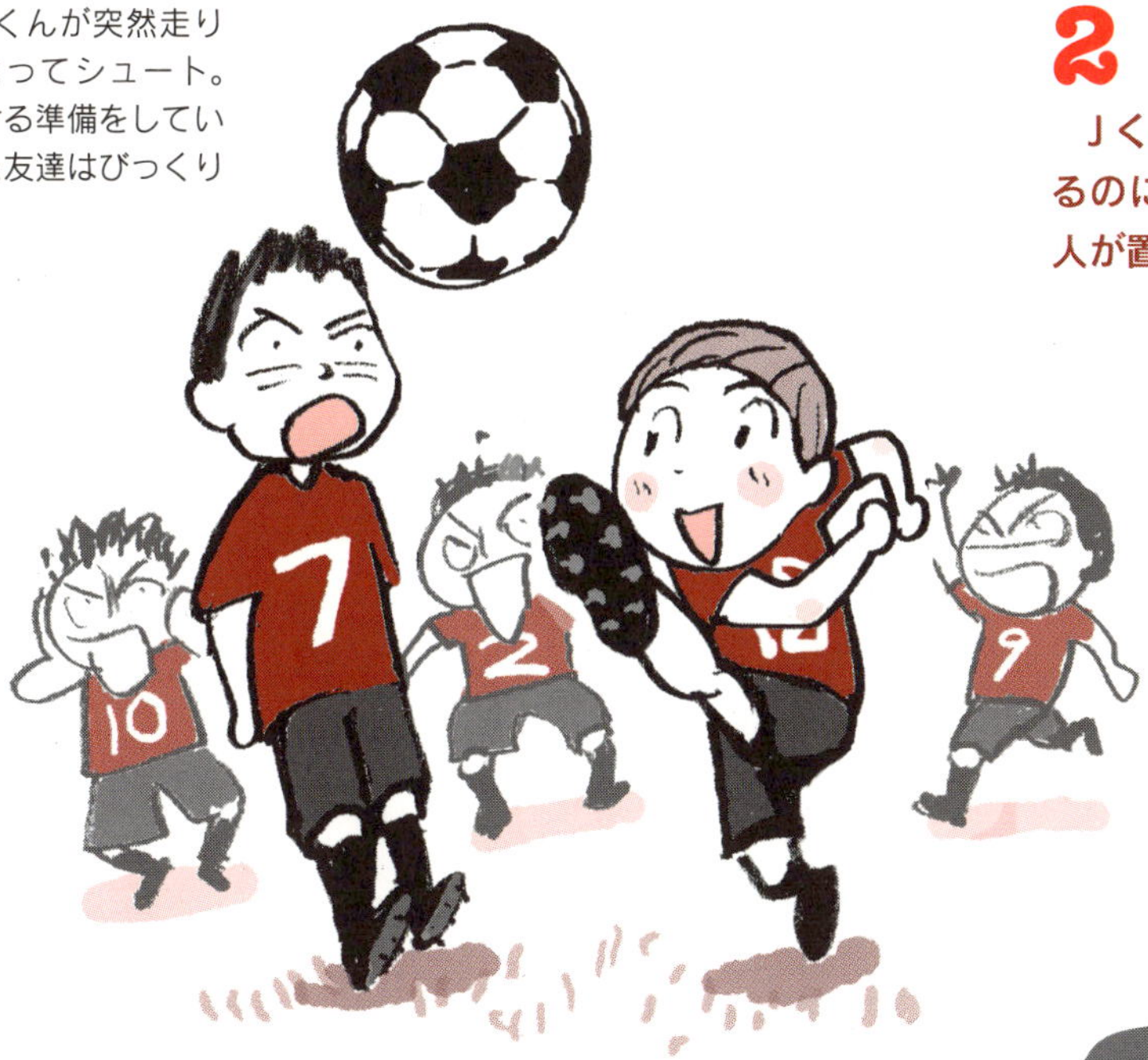

2

Jくんは PK 戦のルールを知っているのに、順番が待ちきれず、ほかの人が置いたボールをけってしまった。

3

友達が怒っても、「またボールを置いて、ければいいじゃないか」と、どこ吹く風のJくん。ルールを守る意識が薄い。

●「マイ・ルール」を大事にしている

❶自分なりの「マイ・ルール」を大事にしていて、集団のルールに無頓着な子がいます。その子なりのルールと、一般的なルールのすり合わせが必要です。とくに❷不注意や衝動性が強い子は、とっさに「マイ・ルール」をふりかざしてしまいがちです。

↓

背景には

● **アスペルガー症候群の特性があり、ものごとをオリジナルの解釈でとらえている。それがマイ・ルールになっている**

対応

❶にはまず、大人がルールを理屈で説明する。それで納得できれば、子どもは自分の行動をコントロールするようになっていく。P56 の**テレパシーゲーム**は理解力のたすけに。❷不注意・衝動性には P72 の**タッチング遊び**と P80 の**バランス遊び**。

10 まねが苦手

動きがぎこちないせいで、ひとり浮いてしまう

ほかの子と動きを合わせるのが苦手な子には、言い聞かせるだけでは対応として不十分です。

Kさんの場合

小学３年生の女の子。まわりの子と同じように行動することが苦手です。よくも悪くも、目立っています。

1

運動会で、学年全体でダンスにチャレンジすることになった。Kさんはダンスが好きで、意欲的にとりくんでいた。

Kさん
体のキレはよいが、動きを間違える。大勢のなかでひとりだけ違う動きをするので目立つ

2

Kさんはほかの子と動きを合わせることが苦手で、何度練習しても、覚えられなかった。

3

Kさんの動きにほかの子がつられてしまい、足並みが乱れる。結局、本番でも少し失敗してしまった。

ドッジボールでは、ボールをとんでもない方向に投げてしまう

体の動かし方の悩み

まねをすることが苦手な子は、スポーツでも、生活のさまざまな場面でも、ほかの人と同じように行動することが苦手になっていきます。運動面・動作面の問題に気づいてください。

よくある悩み

- ダンスのふりつけの順番を間違える
- 手先が不器用で工作が苦手
- 走るときなどに、全身の使い方がぎこちない
- 球技でも個性的な動き方をする

どうしてうまくできないの？

●動作模倣《もほう》がもともと苦手

まねを専門用語で「動作模倣」といいます。動作模倣が苦手な子はダンスだけでなく、集団行動全般で人に合わせて動けない傾向があります。問題の背景は❶リズム感、❷動きの順序性、❸動作の範囲、❹動作の方向性、❺力加減など、子どもによって異なります。

↓

もしくは

- **●指示を聞きとることが苦手**
- **●見本の型を見分ける力が弱い**

対応

❶には P80 の**バランス遊び**と P76 の**リズミカルジャンプ**。❷順序性や❹方向性には P74 の**タッチングクイズ**や P78 の**ぴったりジャンプ**。❸❺には全身の力加減を身につける P82 の**ポーズ&キープ**や P84 の**まねっこゲーム**がよい。

さけたいことば

禁止語 いけません！

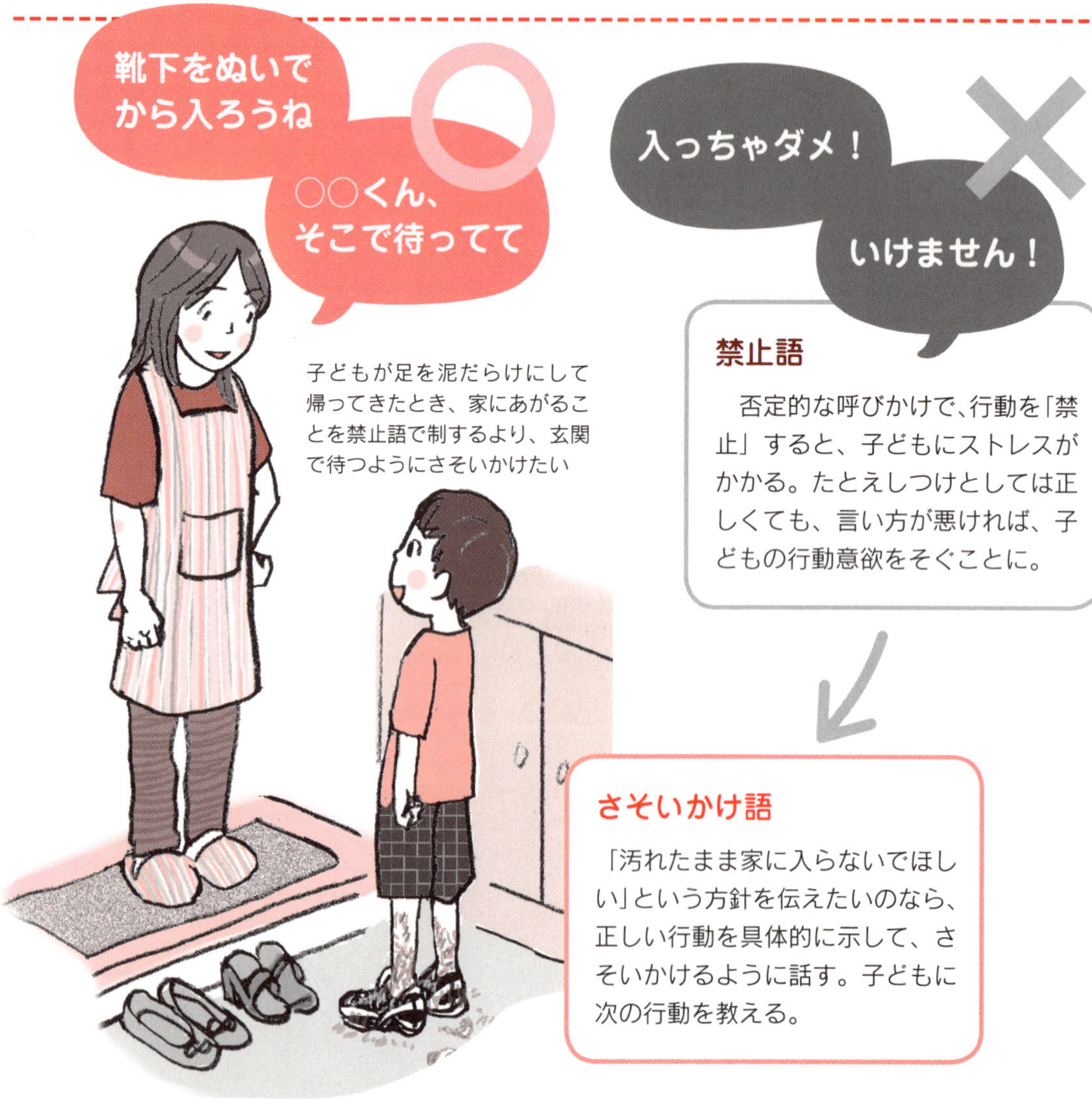
靴下をぬいでから入ろうね
○○くん、そこで待ってて
入っちゃダメ！
いけません！

子どもが足を泥だらけにして帰ってきたとき、家にあがることを禁止語で制するより、玄関で待つようにさそいかけたい

禁止語

否定的な呼びかけで、行動を「禁止」すると、子どもにストレスがかかる。たとえしつけとしては正しくても、言い方が悪ければ、子どもの行動意欲をそぐことに。

さそいかけ語

「汚れたまま家に入らないでほしい」という方針を伝えたいのなら、正しい行動を具体的に示して、さそいかけるように話す。子どもに次の行動を教える。

2 子どもの「感覚」を理解しよう

読み書きや友達との会話など、ことばを使うことの困難には、
背景として、感覚の使い方のくずれが関わっていることがあります。
とくに、子どもに「視覚」と「聴覚」の使い方のアンバランスさが
あるときには、対応の工夫が重要です。
また、「触覚」「固有覚」「前庭覚」という 3 つの感覚も、
子どもの生活にとって、重要な役割を担っています。

適応能力のつまずきにつながること

勉強面やコミュニケーション面の悩みがあるとき、背景として考えられることのひとつが「発達障害特性」です。

発達障害

脳機能のトラブルによって、適応能力のつまずきを生じている状態。

グレーゾーンがある

いわゆる健常児と、発達障害がある子、そのほかの障害がある子を、はっきりと分けることはできません。それぞれの領域は重なり合い、判断のつきかねるグレーゾーンもあります。

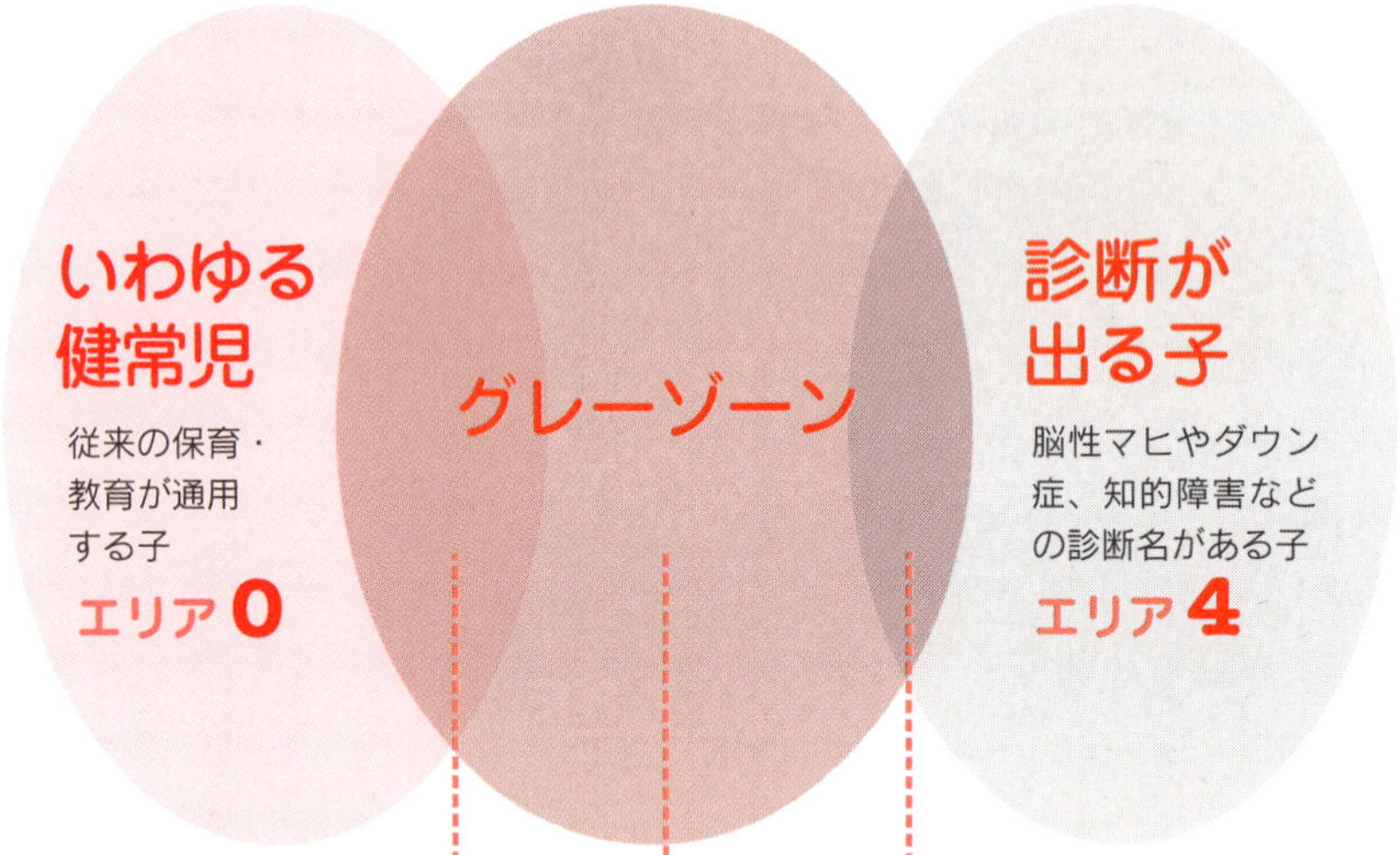
いわゆる健常児
従来の保育・教育が通用する子
エリア0
グレーゾーン
診断が出る子
脳性マヒやダウン症、知的障害などの診断名がある子
エリア4

エリア1

診断名はないが、ちょっと早合点でちょっと忘れっぽい子。木村の調査では５～６歳の健常児の３～４割ほど

エリア2

明らかな症状がなく、診断名がつきにくい子。勉強や集団行動に困難を抱え、本人は苦しんでいる

エリア3

発達障害の診断名がつく子。文部科学省発表の「6.3%」（※）はこのエリアを指す可能性が高い

↓

本書の遊びが効果を発揮しやすい

※ 2002 年に文部科学省が、通常学級に発達障害の子が 6.3%いると発表した。
　この数字はエリア３の子だと考えられる。エリア１～２の子も困難を抱えているが、理解されにくい

適応能力のつまずきに

適応能力とは、そのとき・その場・その状況に合わせて、考え方を整理し、行動するための総合的な能力のこと。適応能力のつまずきがあると、発達障害と診断されることがあります。

本書の「読み書き遊び」「コミュニケーション遊び」は、LD、AD/HD、アスペルガー症候群の子のことばの悩みに、とくに効果がある

AD/HD

Attention Deficit / Hyperactivity Disorder。注意欠陥／多動性障害。注意力や問題解決能力などソーシャル・スキルのつまずきが出やすい

LD

Learning Disorders。学習障害。読み書きや計算、思考力などアカデミック・スキル（基礎学力）のつまずきが出やすい

発達性協調運動障害

全身運動や手先の器用さなど、モーター・スキル（運動調整能力）のつまずきが出やすい

アスペルガー症候群

自閉症の一群に含まれる。他人の意図の理解や自己表現などのコミュニケーション・スキルのつまずきが出やすい

発達障害

第１巻の「感覚遊び」「運動遊び」は、体の使い方の悩みにとくに効果がある。AD/HDの不注意特性、アスペルガー症候群のこだわりの強さの改善にも役立つ

育てにくさにつながりやすい

発達障害がある子は、保護者や教師に「育てにくい子」として認識されがちです。発達障害特性があるために、生活上の困難が生じ、育てにくさにつながっているのですが、そういった背景は、周囲の人にはなかなか理解されません。

どうして育てにくいのか、背景をみることが大切です。

努力不足だと誤解される

エリア1～3の子には知的発達の遅れがないことが前提です。むしろ、知能検査などでは平均以上の数値を示す子がいます。ある意味では、頭のよい子なのです。この子たちが発達障害特性の影響で失敗をすると、大人は「努力不足だ」と誤解しがちです。その誤解が、子どもの自己有能感をけずりとり、事態を悪化させています。

悩みの背景に感覚の使い方のトラブルがある

「発達障害特性」とともに、悩みの背景として考えられるのが、感覚情報の交通整理のトラブルです。

感覚情報が脳内を流れている

私たちはつねに目や耳、鼻、手足などを使って、体の外から刺激を受けています。その刺激は脳に送られ、感覚情報として処理されます。脳の中にはいつも感覚情報が流れているのです。

感覚

体の外にあるものから刺激を受け、それを脳で情報として処理すること。「手を差し出すと自動的に水が出る蛇口」でたとえると、わかりやすい。

感覚刺激を受けとる（入力）

視覚・聴覚・嗅覚・味覚・触覚などを使って情報を得ること。蛇口ではセンサーが働きマイクロチップに信号を送ること

情報を処理する

情報を交通整理すること。脳の働き。蛇口でいうと信号を受けてマイクロチップが働くこと

行動する（出力）

手足を動かす、目を動かす、表情をかえる、話すなどの行動をとる。蛇口でいうと栓が開いて水を出すこと

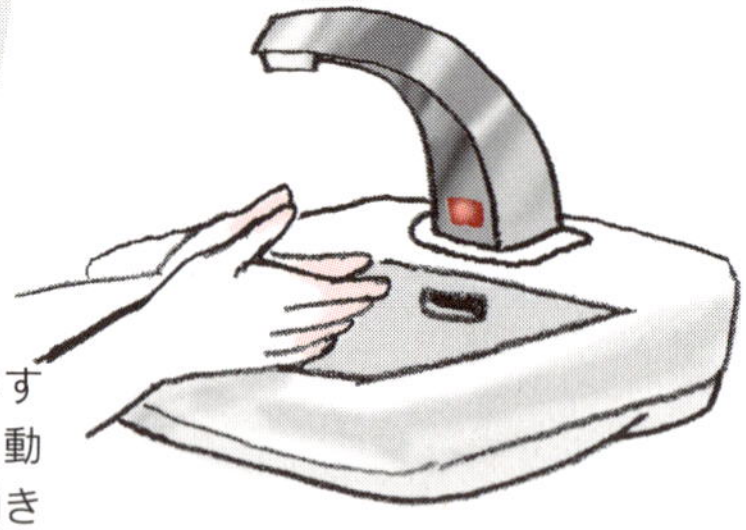

感知して判断して反応する。トイレなどにある自動流水の蛇口は、感覚の働きと同じように作動している

感覚情報は発達に欠かせない

人の脳は機械と違い、感覚情報が適切に入ると、その働きが活性化されます。いっぽう、情報が過剰に入ると混乱し、情報が不足し続ければ働きが低下します。みたり聞いたり、体を動かしたりして、適度に感覚を働かせる経験は、発達に欠かせないのです。

感覚面のトラブルがある子は、もともと脳の働きに混乱があり、感覚情報を交通整理できない状態にあります。それが経験の偏りを生じさせます。本書の遊びは、その偏りの改善につながるものです。感覚情報を処理する経験を積み、脳の発達をうながします。

情報の流れにくい子がいる

感覚面のトラブルのうち、視力や聴力の弱さなどは気づかれやすく、対応も受けやすいのですが、インプット側の処理の問題は、なかなか気づかれません。

何度教えても字をうまく書けないのは、感覚面のトラブルかも？

視力や聴力などに明らかな問題があれば「弱視」「難聴」などの診断が出る

入力

インプット側

処理

アウトプット側

出力

「脳性マヒ」などの診断が出る

「筋ジストロフィー」「リウマチ」などの診断が出る

読む・聞くなど、入力系の問題のようにみえても、視力や聴力に問題がなければ、感覚情報の処理のトラブルが考えられる。

書く・運動するなど、出力系の問題のようにみえても、手足のケガや病気、障害がなければ、感覚情報の処理のトラブルが考えられる。

読み書き遊び・コミュニケーション遊びによって、感覚を使い、感覚情報の流れを整理すると、改善していく

トランポリンでとびながら、親の示す指の本数を答える遊び。眼球運動が発達し、読み書きを学ぶたすけになる

「触覚」を使って共感性を育む

触覚系の働きにトラブルがある子は、共感的な関わりが苦手になる場合があります。しかし、触覚が適切に使えるようになれば、共感性が回復します。

2つのネットワーク

触覚には大きく分けて2つのネットワークがあります。生物古来の「原始系」と、高等な生物に進化するなかで身につけた「識別系」です。

カバンの中をみなくても、手探りで目当てのものをとり出せるのは、触覚の識別系が働いているから

触覚

皮膚でものにふれたときに働く感覚。全身の皮膚にそなわっている。

識別系

認知的な感覚。このネットワークが働くことで、ふれたものに注意を向けることができる。ふれたものの大きさや形、素材などを認識するときにも使う。識別系は原始系の働きにブレーキをかける働きも担っている。

原始系

生物が、視覚や聴覚を進化させる前から使ってきた、本能的な働きを担うネットワーク。ふれたものがエサか敵か感知して、防衛・闘争・とりこみなどの行動をうながす。

本書では触覚の感覚情報が流れるネットワークのことを「触覚系」としています。「固有覚系」「前庭覚系」も同様に、それぞれの感覚に関わるネットワークを指します。

整列するときに、ほかの子にふれて拒否反応が生じ、反射的につきとばしてしまう

トラブルがあると……
共有することが苦手になりがち

触覚系の働きが過度に敏感・鈍感だと、コミュニケーションの苦手さや独特のくせが生じやすくなります。家族や友達といっしょに行動するのが難しくなり、共感的な関わりが苦手になる子もいます。

触覚が敏感に

識別系が十分に働かず、原始系が暴走すると「触覚防衛反応」におちいる。首すじをさわられて暴れる子、チクチクするものを極端にいやがる子などがこのタイプ。

触覚が鈍感に

触覚のネットワーク全体が働きにくい子は、感覚情報が不足しやすい。脳が情報を補おうとして、ものを口に入れる、爪をかむなどの「自己刺激行動」が生じやすくなる。

自己刺激行動は、敏感な子もします。触覚防衛反応と自己刺激行動について、よりくわしくは第1巻をご覧ください

共感性の発達が阻害される

赤ちゃんが肌と肌とのふれあいをとおして他人との共感を学ぶように、人間にとってふれあいは、共感性の発達のベースとなる。それが阻害される。

対応

P72のタッチング遊びなどで識別系を使うと、2つの系統のバランスがととのってくる

共有しようとする心の働きが育たない

触覚系のトラブルがある子は、触覚防衛反応や自己刺激行動があるために、学校のなかで集団行動をとるときに問題を起こしてしまうことがあります。

本人はそれをさけようとするあまり、ひとり遊びを好んだり、同じ道具・同じ衣服ばかり使いたがったりします。

遊びを通じて触覚を使う経験をつんでもらい、敏感・鈍感な反応を軽減しましょう。それによって、友達と同じことができるようになっていき、意識を共有しようとする心の働きが育ちます。

「固有覚」で力の入れ加減がわかる

固有覚は体の動き全般に関わる感覚。トラブルがあると動作ががさつになり、字が下手になったり、友達を強く叩いてしまったりします。

力加減や動きの調節に関わる

固有覚は全身のすべての筋肉・関節からの感覚情報に関わります。ものを持つとき、手足がちょうどよく動くのは、固有覚のネットワークが働いているからです。

体操で腕を伸ばそうとしたとき、固有覚系が働いていればピンと伸びる。働いていないとうまく伸びない

運動覚
位置覚
重量覚
抵抗覚

固有覚

筋肉と関節の動きを感知し、コントロールするときに働く４種類の感覚。全身にそなわっている。

体の動きが全般的にがさつに

読み書きやコミュニケーションと筋肉・関節の動きには、あまり関係がないように思えるかもしれませんが、実際には多くの場面で関わりがあります。

たとえば字を書くときや定規を使うとき。手が思いどおりに動かなければ、線は乱れます。内容は理解できていても、うまく書けずに不正解となることもあります。

友達と体を使って遊ぶときには手足の動きの乱れが、ケンカの原因となることもあります。

固有覚をととのえることで、子どもの勉強面・コミュニケーション面の悩みは軽減されるのです。

筆圧のコントロールが苦手で、えんぴつの芯がすぐに折れる

トラブルがあると……
字を書くことなどが雑になる

まわりの人には、粗雑に行動しているようにみえます。字を雑に書いているととられ、叱られてしまう子もいます。

字を書くのが苦手

手先のコントロールがきかないせいで、字が所定のマスから大きくはみ出したり、とめる、はねる、はらうなどの運筆が苦手になる。

おゆうぎが苦手

おゆうぎやボールを使った遊びなど、全身運動が苦手になる。本人は体を正確に動かしているつもりなのに、そうならない。

いつも声が大きい

声を出すことは、呼吸やのどの筋肉の働き。場面を問わず、大声で話してしまう子は、固有覚系がととのっていない可能性がある。

対応

P82のポーズ＆キープやP84のまねっこゲームなどで固有覚を働かせ、力の入れ加減を身につける

筋肉や関節は運動器であり感覚器でもある

筋肉や関節は一般に、運動器として知られています。体の動きの調節に関わる、アウトプットの器官だと考えている人が多いでしょう。

しかし、動きの調節をするためには情報源として、感覚情報が必要です。その情報収集も、筋肉や関節が担っています。筋肉や関節は運動器であり、感覚器でもあるのです。

「前庭覚」が働けば、読み書きも上手に

前庭覚は「平衡《へいこう》感覚」とも呼ばれ、全身のバランスを司る感覚として一般に知られています。

この感覚は、読み書きやことばの発達にも関わっています。

バランスの調節が中心

前庭覚の代表的な働きは、体の傾きを感知して姿勢をととのえること。それ以外にも目の動きや脳の覚醒レベル、ことばの機能、左右の把握などにも関わっています。

背すじを伸ばして座っていられる子はバランス感覚が働いている

前庭覚

重力・直線・回転の３つの加速度を感じとり、その情報にそって体のバランスを調整する感覚。筋肉の緊張状態を調節するほか、さまざまな働きがある。

前庭覚が働くことによって姿勢の軸がととのうと、眼球運動も調整され、みる機能もととのいやすくなる。

激しい前庭刺激は脳の機能を活性化させ、覚醒レベルを上げる。集中力が発揮される。反対に、ゆっくりとした前庭刺激は脳を落ち着かせる。

姿勢の軸がととのうことによって、右脳と左脳の役割分担が促進される。そのため、脳の中の「ことばの回路」（言語中枢）も活性化される。

読み書きが苦手で、覚醒レベルが低い子。教科書を読むと疲れて居眠りしてしまう

トラブルがあると……
読み書きが苦手になる

前庭覚系のトラブルとして生じやすいのは、姿勢の乱れです。姿勢が乱れる子は、字も乱れる傾向があります。体のバランスと字のバランスの関係をよくみてください。

書くことが苦手に

姿勢の軸がととのわないと、字の基底線をととのえることも苦手に。字をバランスよく書くことができない。

読むことが苦手に

読むことに必要な眼球運動のコントロールが苦手なため、教科書などを読むことが困難に。

注意力が弱い

覚醒レベルの調節が難しいため、場面に応じた注意力を発揮することも難しい。やる気がない子としてみられてしまう。

対応

P80 のバランス遊びで体をめいっぱいゆらすと前庭覚がよく働く。姿勢や目の動きなどが安定してくる

前庭覚系はことばの発達に影響する

固有覚と同じように、前庭覚も、ことばの悩みには関わってなさそうに思える感覚です。ところが前庭覚も、読み書きやことばの発達に重要な役割を果たしています。

前庭覚は眼球運動の働きと、言語中枢の活性化に関わります。

前庭覚系にトラブルがあると、眼球運動の調節が苦手になり、読み書きが困難になりがちです。さらに、言語中枢の働きを活性化することができなければ、話すことや聞くことも苦手になります。

「中心視」と「周辺視」の違いを知る

読み書きや計算など、勉強面には視覚が深く関わっています。なかでも「中心視」の働きがあるかどうかで、勉強の理解度は大きく異なります。

目の２つの働き

目には視力、視野、眼球運動、ピントの調節など、さまざまな機能があります。そのなかで注目したいのが「中心視」「周辺視」という２つの働きです。

目の構造

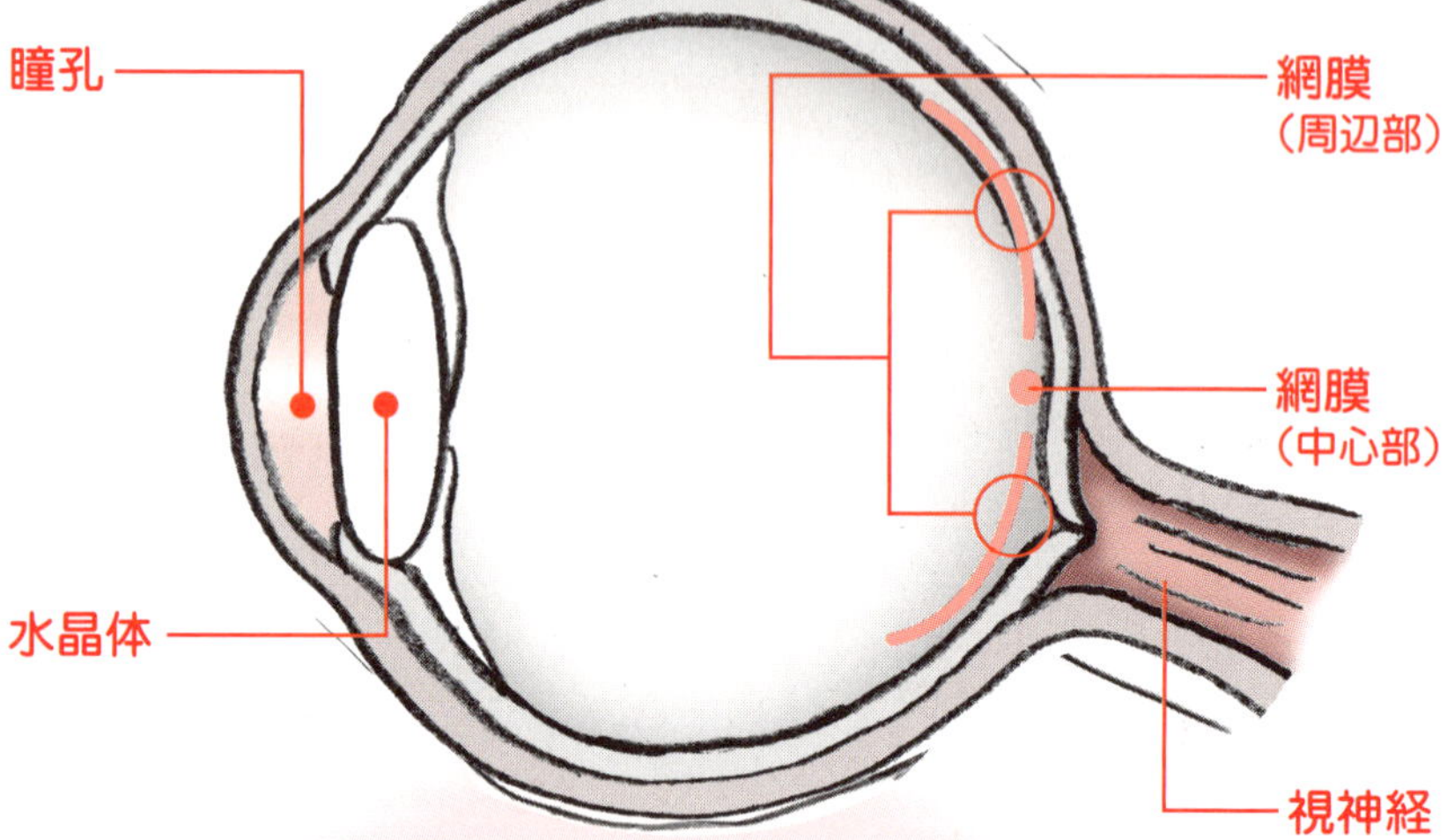
瞳孔
水晶体
網膜
（周辺部）
網膜
（中心部）
視神経

中心視

網膜の中心部の視細胞を通じて情報を得る働き。中心部にはものの「りんかく線」や「色」に反応しやすい細胞が集まっている。中心視の働きによって、形や色、文字がわかる。

中心視が育っている子は周辺視も使える。中心視が育っていない子は周辺視だけが働く

周辺視

網膜の周辺部の視細胞を通じて情報を得る働き。周辺部にはものの「動き」や「明暗の変化」に反応しやすい細胞が集まっている。周辺視の働きによって、とんできたボールをよけることができる。

中心視が働かないとながめるだけに

中心視が十分に育っていないと、周辺視が優位に働きます。光るものや回るものに脳が反応し、気をとられやすくなります。

文字や文章を読んだり書いたりするためには、中心視の働きが必要です。遊びによって、中心視の働きをうながしましょう。

中心視が育ってからも、周辺視は働きます。

三つの条件が合えば中心視が機能する

中心視を使ってものをしっかりとみるためには、三つの条件が必要です。知的な能力、眼球運動、焦点を合わせる能力の三つです。

知的に重度な障害がある子には、療育的な対応が必要です。焦点を合わせる能力は、メガネをかけることで矯正できます。遊びによって育つのは、眼球運動です。

ノートから黒板へ視点を移動するのが苦手で、どこまで写したかわからなくなる

トラブルがあると……
視点の移しかえが苦手になる

中心視の働きが弱い子は、眼球運動のコントロールが未発達なので、視点の移動が困難になり、板書を写すことが苦手になります。

視点の移動が苦手

目的に合わせて視点を移しかえるのが苦手。黒板とノートを交互にみることや、落とした持ち物を探すのに苦労する。

視点の集中が苦手

ものに視点を合わせ続けることが苦手に。指で文章をたどらないと教科書が読めない、キャッチボールでボールを目で追えないなどの悩みが生じる。

対応

P58のことば探しやP80のバランス遊びなどで中心視の使い方がじょじょに身についてくる

「言語理解」を視覚と聴覚に分けて考える

何度も言い聞かせたはずなのに、理解してくれないことは、よくある悩みです。理解の仕方を二つに分けると、対応の手がかりがみえてきます。

視覚優位タイプか聴覚優位タイプか

子どものことばの使い方にアンバランスさがあるとき、視覚優位タイプと聴覚優位タイプに分けて考えると、対応しやすくなります。

話して聞かせると買い物ができるが、メモを渡すと買うものを間違える子は「聴覚優位タイプ」

聴覚優位タイプの特性

話し言葉で聞いたことは覚えている。教科書やプリントなど、印刷物を読んで理解するのは苦手。よくしゃべる。動作が多くまとまりがない。

視覚優位タイプの特性

文章を読んで理解するほうが得意。メモがあれば理解しやすい。口頭での指示を聞き間違えることが多い。比較的、無口。まわりの人の動作をみて判断することが多い。

内容理解が苦手

視覚や聴覚を通じてことばを覚えるプロセスと、その内容を理解するプロセスは別。内容理解が苦手な子は、視覚と聴覚が働いていても、指示に戸惑う。

視覚タイプと聴覚タイプを分けて考える

ことばを話しことばと書きことばの二つに分けて、子どもをみてみると、そのどちらかの使い方がうまく育っていないことがあります。また、まわりの状況を把握するときに、みる能力と聞く能力に差がある子もいます。

それらをふまえて、「視覚優位タイプ」と「聴覚優位タイプ」という二つのものさしで、子どもの育ちをみてみましょう。その子のつまずきがみえやすくなり、対応の手がかりがつかめます。

トラブルがあると……
どちらもことばの理解の問題に

理解のどの過程に難しさを抱えていても、表面的には「指示がとおりにくい」という問題になって現れます。表面にとらわれず、背景をよくみて対応しましょう。

聴覚タイプは教科書や黒板をよくみずに作業をする、視覚タイプはほかの子の様子をみるなどの特徴が出る

ことばの理解力が乏しい

ことばで伝えたはずのことが、伝わらない。まわりの人には、本人がふざけているようにさえみえてしまう。

そのほかへの対応

内容理解が苦手な子には、それぞれの子に合ったことばで伝える。たとえば意図がわかりにくい子にはP56のテレパシーゲームを

視覚タイプへの対応

絵やしぐさで指示をする。また、P66のなぞなぞ遊びを口頭で出題する。P80のバランス遊びで言語中枢を活性化させる

聴覚タイプへの対応

口頭で指示をする。また、P66のなぞなぞ遊びの文章を本人が読んで答える。ジェスチャー遊びなども有効

「ボディイメージ」と文字の乱れの関係

自分の体を正しく理解していれば、体を正確に動かせます。その機能は生活全般に影響し、文字を正確に覚え、書き出す力にも関係してきます。

自分の体を実感できているか

触覚や固有覚、前庭覚などの感覚情報が総合的に整理できると、自分の手足や体が実感できるようになります。本書ではそれを「ボディイメージが身についた状態」とします。

ボディイメージ

自分の体のサイズや動き方を正確に把握すること。それによってできあがる、自分の体のイメージ。身体的な自己像でもある。心理的な自己像、つまり自我を育てていくことのもとにもなる。

＋

動作イメージ

体の動きの範囲や力加減、速さ、手順などを調節して、的確な動作をつくり出すためのイメージ。

全身のボディイメージをもとに動作イメージを把握し、手足を上手に動かせるようになる
各部のボディイメージも必要。手のことがわかっていなければ、手作業は上達しにくい

ボディイメージができていれば、高いところにあるものをとるとき、届かないことがわかり、自然と背のびをする

文字を書くときに、
形がゆがむ

トラブルがあると……
動作がととのわない

ボディイメージがととのっていない子は、動作の調節や空間認知に困難を抱えがちです。そのため、不器用になったり、左右や大小、高低などを把握しにくくなったりします。

書字が苦手に

文字の形がゆがむ。図も苦手に。形が把握できない。また、手先が全般的に不器用になる。

動作の手順がつかめない

手順を理解することが苦手になる。また、書き順がなかなか覚えられない。

対応

P72 のタッチング遊びなどでボディイメージづくりをする。それによってじょじょに書字が安定する

体の動かし方がわからなくなる

ボディイメージは主に体の動かし方のトラブルに関わっていますが、その派生的な悩みとして、読み書きの悩みが出てきます。

体のサイズや動かし方がわからない子は、自分以外のもののサイズや形を把握することも苦手になりがちです。その結果、文字や図の形を正確に認識できず、書くことが苦手になるのです。

ボディイメージを発達させるには

ボディイメージを育てるためには、触覚や固有覚、前庭覚をよく使うことが必要になってきます。

触覚や固有覚は、自分の体のサイズや動かし方を把握するために使えます。また、前庭覚を働かせることで、姿勢の軸をととのえると、ボディイメージの軸もととのいます。

さけたいことば

命令語 しなさい！

早く
片づけなさい！
ゲームは早く
やめなさい！

命令語は強い言い方になりやすい。どなりつけると、子どものやる気はますますなくなる

命令語

　子どもにしてほしいことがあっても、「命令」形で指示していたら、子どもの心にはなかなか届かない。むしろ子どもの心にストレスがかかる。

希望表示語

　親が期待している行動を肯定的に語りかける言い方にかえる。同じ内容の指示でも、言い方が違うと、子どもの心に届きやすくなる。

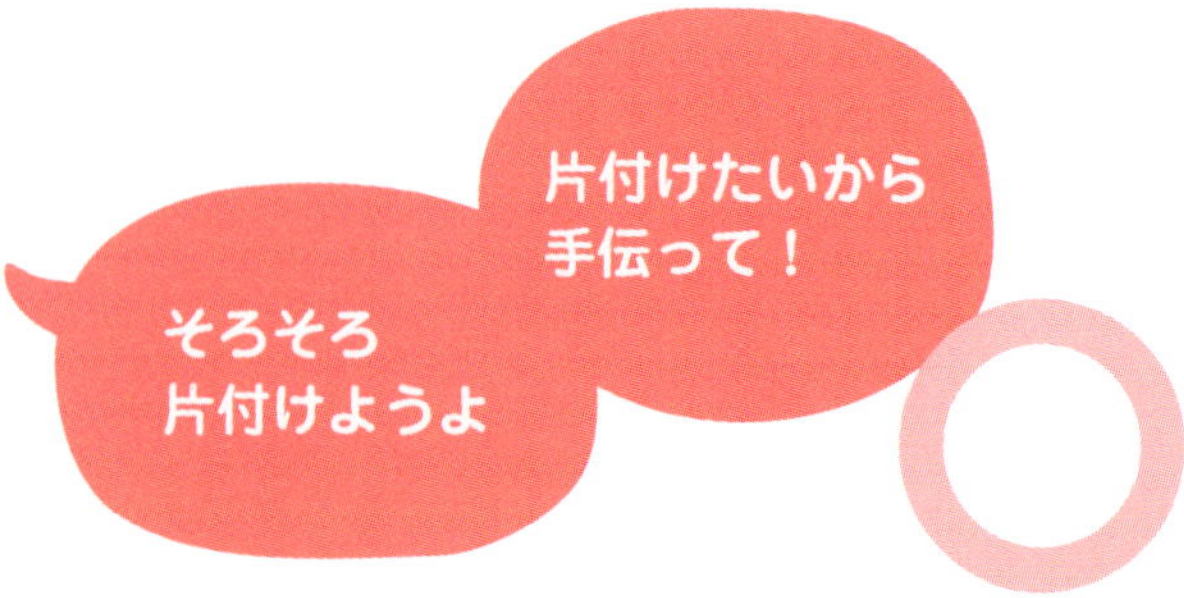
片付けたいから
手伝って！
そろそろ
片付けようよ

3 適応能力を育てる15の「遊び」

読み書きやコミュニケーションを中心に、
そのほかさまざまな適応能力を育てる遊びを紹介します。
子どもと遊べる部屋があり、机かテーブルがあれば、
あとは適宜、小物を用意するだけ。
お金をかけずに楽しく遊びましょう。

遊びはそれ自体が目的となる

遊びは子どもの発達をうながすきっかけになりますが、その実益性を求めて無理やり遊ばせることはさけてください。実益性を求めたら、遊びではなくなってしまいます。

遊びには実益は求めない

遊びを通じて子どもの感覚を育むことをすすめているのは、遊びが親と子にとって、ただ楽しめることだからです。遊びには実益は求められません。

POINT

お手伝いも活用する

家事などのお手伝いを活用することで「家族（学校）の一員である」という帰属意識を育てることができる。その自覚がセルフコントロールの基礎となる。

役割行動	遊び
日々の活動 役割行動は日々のくらしのなかに根付いた活動。家事の手伝いなど	**楽しむことが目的** 遊びは好きなときに好きなだけとりくむ活動。それ自体が目的となる
自発的にしたい 本人が自分で決め、言われなくても役割行動をこなすのが理想だが、そのためには親の工夫が必要	**自発的にする** 親に言われてすることではない。親は説明や提案だけする。強制しない
達成感がほしい 役割行動をこなすことでほめてもらえれば、達成感が得られる。達成感につながる工夫が必要	**達成感がある** 自発的にとりくんだ活動だから「やった！」という達成感が得られやすい
人の利益になる 子どもが役割行動をこなすと、まわりの人のメリットになる。なんらかの目的がある	**実益性は求められない** 遊びを楽しむこと自体が目的なので、実益性や実用性はなくてよい

発達をうながすきっかけに

子どもは体を使って遊ぶときに、感覚をおおいに働かせ、成長します。勉強や練習だけでなく、遊びも子どもの発達に欠かせないことなのです。

感覚がととのう

枝をつかむ、幹によじのぼる、ぶら下がる、葉をみるなどの体験によって感覚情報が豊かに脳に送られ、交通整理する働きが育つ

木登りという遊びひとつで、たくさんの感覚が働く

家庭でできることもたくさんある

木登りのように体を大きく動かす外遊びももちろんおすすめですが、家庭でできる遊びにも、感覚面の発達につながるものがたくさんあります。

本書で一五種類、第一巻でも同じく一五種類を紹介しています。重複するものもありますが、説明が異なります。ぜひ合計三〇種の遊びにとりくんでみてください。

POINT

5つの条件

家庭で実践するときの条件。これらを提案するのが療育者の役割。親は専門家にアドバイスをもらおう。

- 育てる側にとってわかりやすい
- 時間がかからない
- お金がかからない
- 労力がいらない
- 効果が大きい

テレパシーゲーム

「まなざし指示」で、絵カードとり

どんな子に向く？

- 空気が読めない
- 話の意図が伝わりにくい
- マイ・ルールをつくる

1 子どもの好きな絵や写真などが入ったカードを10枚ほど用意する。広い場所で、カードを床にランダムに置く。ゲームを説明する。

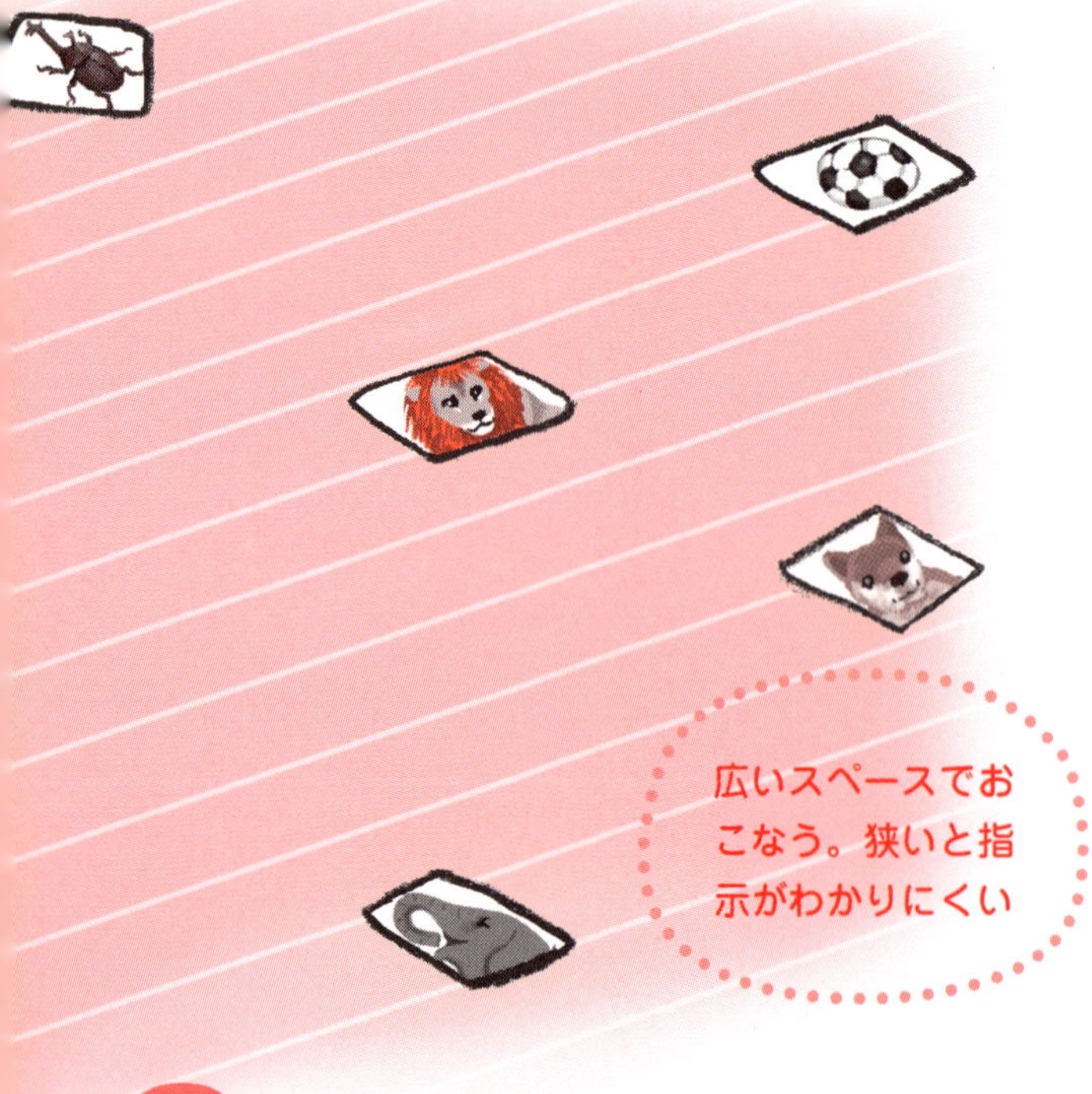
広いスペースでおこなう。狭いと指示がわかりにくい

2 まずステージ0。子どもに「○○をとって」と言い、とってもらう。次はステージ1。指さして「あれとって」と言う。

ねらい

ことば以外の情報を読みとる

大人のまなざしや表情、動作・しぐさ、声の調子、姿勢など「ことば以外の情報」への気づきをうながす。相手の意図を理解する体験を積むことができる。

効果

空気が読めるように

他人が「ことば以外の情報」で意思を示したとき、それに気づく力がついていく。その結果、相手の意図に敏感になり、じょじょに空気が読めるようになる。指示やルールの理解力アップにもつながる。

※ステージとは遊びのレベルや段階のようなもの。
ステージを順番にひとつずつ進めると子どもが遊びに入っていきやすい。

アレンジ

生活のなかで

生活のなかで、ことば以外の情報に気づくチャンスをつくる。たとえば、食事中に調味料をとってほしいとき、食べ終わって皿を運ぶときなどに、調味料や皿という言葉を使わずに、子どもにお願いごとをする。親の視線や動作をみて、お願いごとの内容がわかるようになってくれば、読みとる力がアップしている。

ステージ１「あれ、とって」……
「とる」など、具体的な行動を示す

ステージ２「これ、手伝って」……
なにを「手伝う」か読みとってもらう

ステージ３「ねえ、お願い」……
状況から「お願い」を読みとってもらう

ステージが進むほど、難易度が上がる

3

ステージ２。「あれとって」と言いながらオーバーアクション。まなざしや表情、姿勢などをフルに使う。指さしは使わない。

子どもが親の顔や体に注目するようになってくれば、感覚がよく働いている証拠

4

ステージ３。「あれとって」と言いながら、体を動かさず、まなざしでカードを示す。ステージ４は流し目で示す。

- 回数の目安：週に１回おこない、子どもの状態をチェックする
- 程度の目安：「私の目をみて」とヒントを出してはいけない
- 難易度アップ：カードに一瞬、目くばせをするだけのステージ５へ

回数の目安はあくまでも目安です。子どもが夢中になって、疲れず、いやがらずに遊んでいる場合は、回数を増やしてもかまいません。ほかのページの遊びも同様です。

ことば探し

めちゃくちゃな文字列からカレーの具材を探す

どんな子に向く？

- 文章の読みとばしが多い
- ことばの読み違いが多い
- カルタやトランプが苦手

1　パソコンなどを使って、不規則な文字列を打ちこむ。年齢に合わせて、ひらがなのみにするか、漢字もまぜるか、調整する。

2　不規則な文字列のなかに、子どもが興味・関心をもっているものをまぎれこませる。好きな食べ物とその材料や、ゲームのキャラクターなど、なんでもよい。

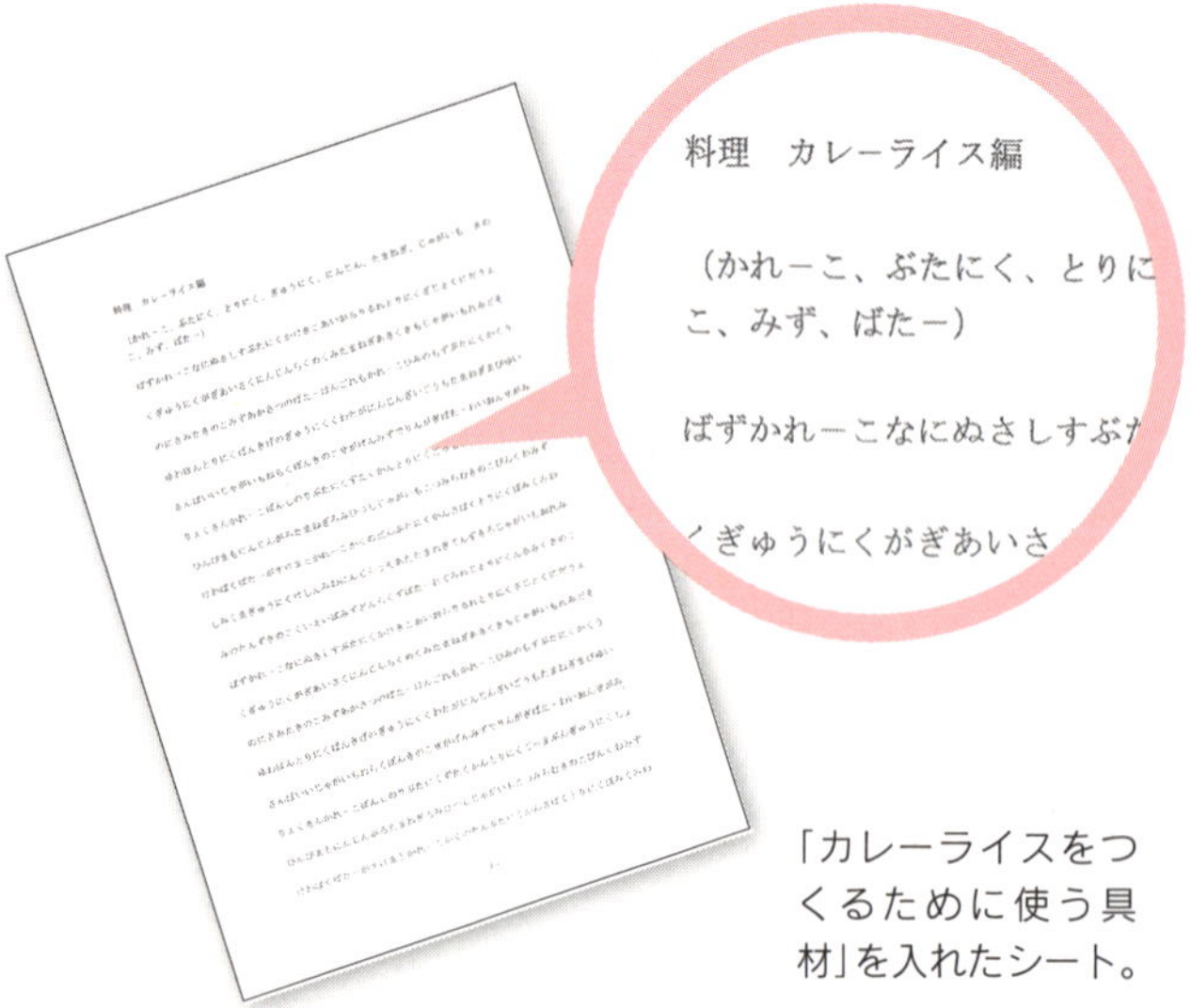

料理　カレーライス編
（かれーこ、ぶたにく、とりに
こ、みず、ばたー）
ばずかれーこなにぬさしすぶた
くぎゅうにくがぎあいさ

「カレーライスをつくるために使う具材」を入れたシート。

※新保真理野さん、新保孝和さん、新保和久くん、新保光大くんご一家が実際に使っているシートです。このように、お子さんの好きなものでシートをつくってみてください。

ねらい

目の動きを育てる

文字の読みとばしやひろい読みの背景には、眼球運動の未発達さが関わっていることが多い。興味のある文字を探すことで、目を素早く、なめらかに動かせるようになっていく。

効果

文章が読みやすくなる

特定のものに視点を合わせる力がついてくる。文章が読みやすくなり、読みとばしや読み違いが減る。それによって言語理解が進めば、ことばで自己表現することも上手になっていく場合がある。

丸で囲むのが苦手なら、指さしてもらう。親がいっしょにみる

3 作成したシートを印刷して、子どもにみせ、遊び方を説明。最初は「あ」や「い」など特定のひと文字を探して丸印をつけてもらう。

指さしてもペンを使ってもよい。子どものやりやすい方法で

4 ひと文字を探すことができたら、子どもが興味を示す単語を探してもらう。時間を区切ってチャレンジすると楽しい。

- 回数の目安：週に２～３回
- 程度の目安：子どもが単語をほとんどみつけられるように調整
- 難易度アップ：用紙の幅や長さを広げる

この例では「パンダ」が探しやすい。まずは探しやすいものから

アレンジ

動物探し

文字のかわりに動物の絵を使う。動物の絵のシールやスタンプを使って、紙に動物の絵を並べていく。その後、子どもに特定の動物を探してもらい、ペンで印をつけてもらう。

カード遊び

絵カードで簡単カルタとり

1 「かに」と「わに」、「あり」と「あし」など、2音節のことばをリストアップ。1音節は同じ字。もう1音節は異なる字にして、あ段～お段のいずれかで統一する。

くさ	くま
わに	かに
あり	あし
しか	いか
うま	くま
さる	ざる
ペン	けん
そば	そら
いぬ	いす
りす	いす

「くさ」や「くま」のように、ひと目でわかるものに。絵にしたとき、わかりにくいものはさける

2 リストアップしたことばの絵を用意する。教科書や絵本を活用したり、インターネットで探したりするとよい。絵を厚紙にはりつけてカードに。

どんな子に向く？

- 聞き間違いが多い
- 口頭の指示が理解しにくい
- 単語を間違えて覚える

ねらい

発音の違いを意識する

同じ音節数（音の区切り）の単語を聞き分けることで、1音1音の発音の違いが意識できるようになっていく。苦手な音は子どもによって異なる。子どもに合った単語を選んで遊ぶ。

効果

聞きとり能力がアップ

聞き間違いが減るため、口頭での指示を誤解することも減っていく。聞きとりの悩みが、言語理解や書字の困難さなど、ほかの悩みを引き起こしていた場合には、それらも関連して改善していく。

「かに」の
カードはどれ？
聞きとりの経験
がねらいなので、
ゆっくり発音する

10 枚ほどのカードから選べるようになってくれば、聞き分け能力は上がっている

3 テーブルなどに絵カードを並べる。最初は2種類から。あとで子どもにカードをとってもらうので、子どもが作業しやすいテーブルを使う。

4 遊びを説明。親が「かにをとって」などと呼びかける。子どもに該当の絵が書かれたカードをとってもらう。迷っていたらもう一度言う。

5 2種類の聞き分けができるようになったら、カードの数を増やすなどして、難易度を調整。聞き分けの練習になるよう、似たことばのカードを置くことがポイント。

- 回数の目安：週に2～3回、5分程度
- 程度の目安：子どもがよく聞き間違えることばに合わせて
- 難易度アップ：カードの数や、音節数を増やす

アレンジ

文字カード遊び

文字を書いたカードを使う。音節数を増やして4～6文字の聞き分けにチャレンジ。「いしかわ」と「きしかわ」など聞きとりにくい人名を使うのもよい。

間違い探し

図や字をみて、間違いや仲間はずれを探す

どんな子に向く？

- 書き順が覚えられない
- 字を図のように書く
- 似ている字を間違える

ねらい

視覚情報の処理を学ぶ

絵や字のこまかな違いを探すことは、全体と細部の照合の経験になる。図形の間違い探しは、図とそれ以外の部分を見分ける「図と地の弁別」の経験に。いずれも視空間認知の仕方を学べる。

効果

読み書きの全般的な上達

ものをみたとき、形の違いに気づきやすくなる。文字を読み間違えることが減り、読み書きが全般的に上達。そのほか、注意力が向上して忘れ物が減る子もいる。片付け上手になる場合も。

1 字がうまく書けない子には、まず絵の間違い探しから。絵は自分で用意してもよいが、間違い探しの本を買うと便利。

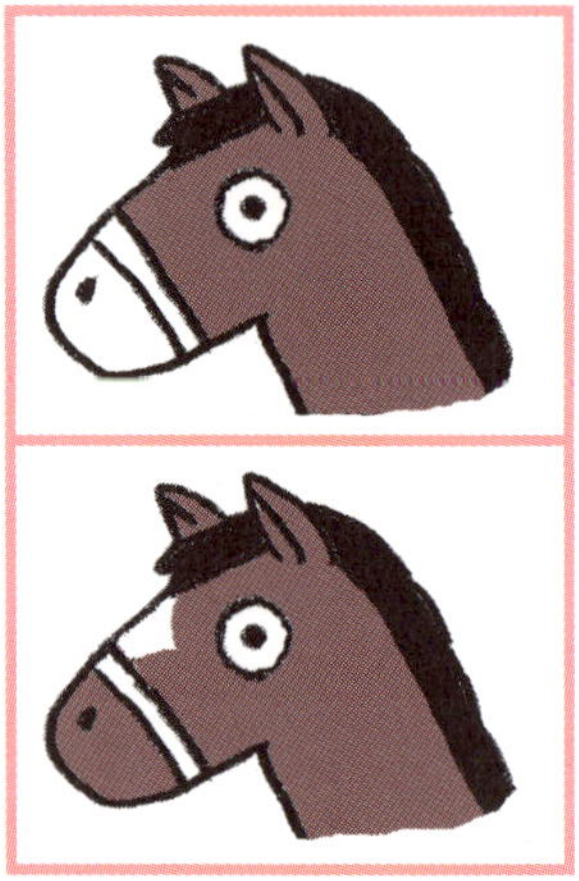

あきらかに違う絵や字では、感覚を働かせる経験にはならない

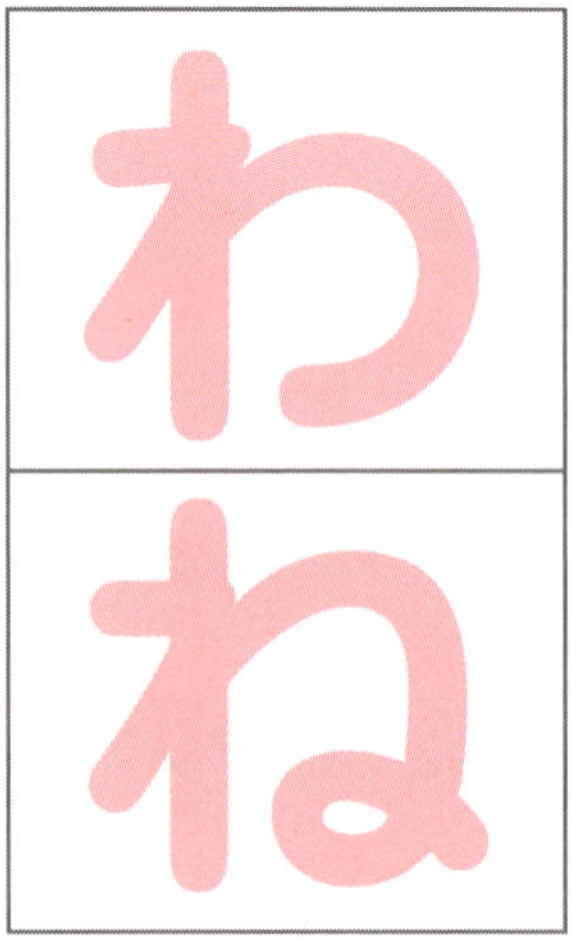

2 続いて字に挑戦。「わ」と「ね」、「め」と「ぬ」など、よく似た字を２つ提示して、違いを探してもらう。

3

書字が苦手で、片付けも得意でない場合には、図形の間違い探しが適している。重なり合った図形をみて、それぞれの部分を見分ける経験を積む。

図形の問題は、大人でもぱっとみてわからないことがある。難しいので時間をとって考えてもらう

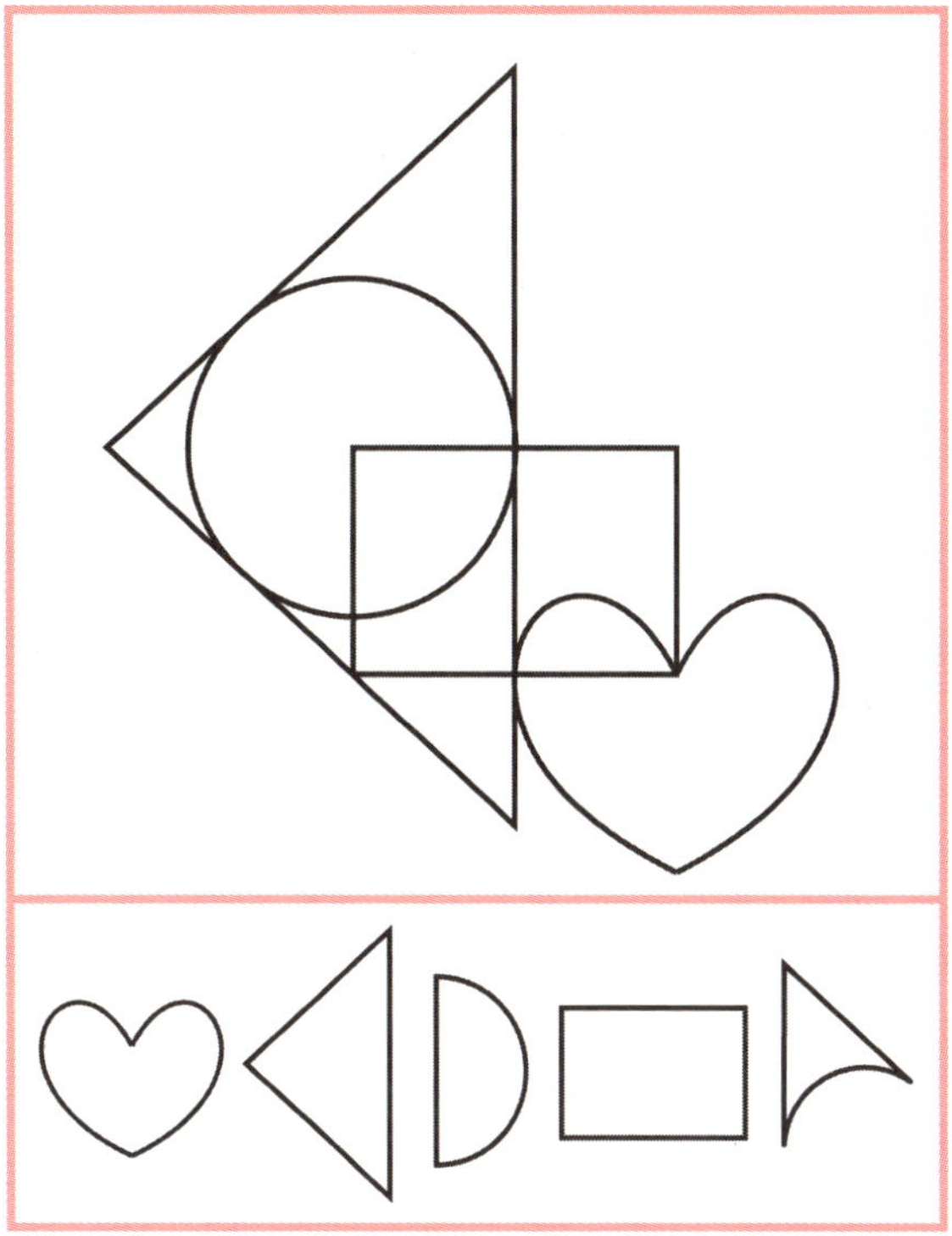

目を使うことが重要なので、ことばで説明しすぎないように

4

5種類の図形を用意して、そのうち4種を組み合わせて大きな図をつくる。大きな図に使っていない図形はどれか、当ててもらう。

- 回数の目安：週に2～3回、絵や字は5～10問、図形は3～4問
- 程度の目安：子どもの学習内容に合わせて
- 難易度アップ：漢字の間違い探しや、間違いがよりこまかいものに

アレンジ

絵本で間違い探し

『ウォーリーをさがせ！』シリーズを使えば、絵のなかから特定のものを探す作業を、楽しみながらできる。なにを探すか、親が具体的に指示するとよい。

『ウォーリーをさがせ！　謎のメモ大追跡！』（フレーベル館）

しりとり遊び

最初はしりとり、慣れたら「頭とり」

1 しりとりのルールがよくわからない子や、しりとりが極端に苦手な子の場合は先に絵カード遊び。絵カードを用意する。

絵カードには字は書かない。カードのかわりにミニチュアのおもちゃを使ってもよい

2 遊び方を伝える。4～5枚の絵カードを置き、いずれかの絵の頭文字を子どもに伝える。該当するカードをとってもらう。

どんな子に向く？

- 考えを説明するのが苦手
- とっさにことばが出ない
- 「バカ」「死ね」が口ぐせ

ねらい

単語の検索力を高める

しりとりをすることで、使える単語が増える。それを検索して適切に使うことも身についていく。「りんご」「ゴリラ」などと、いつも同じパターンにならないように、ルールをつくるとよい。

効果

言語表現が豊かになる

言いたいことを、どのことばで表せばよいかがわかるようになる。考えや気持ちをことばで豊かに表現できるように。意思疎通ができて生活上のストレスが減れば、汚いことばを使うことも減る。

なにもみないで、しりとりをする。ことばをいくつ使えたか、記録するのもよい

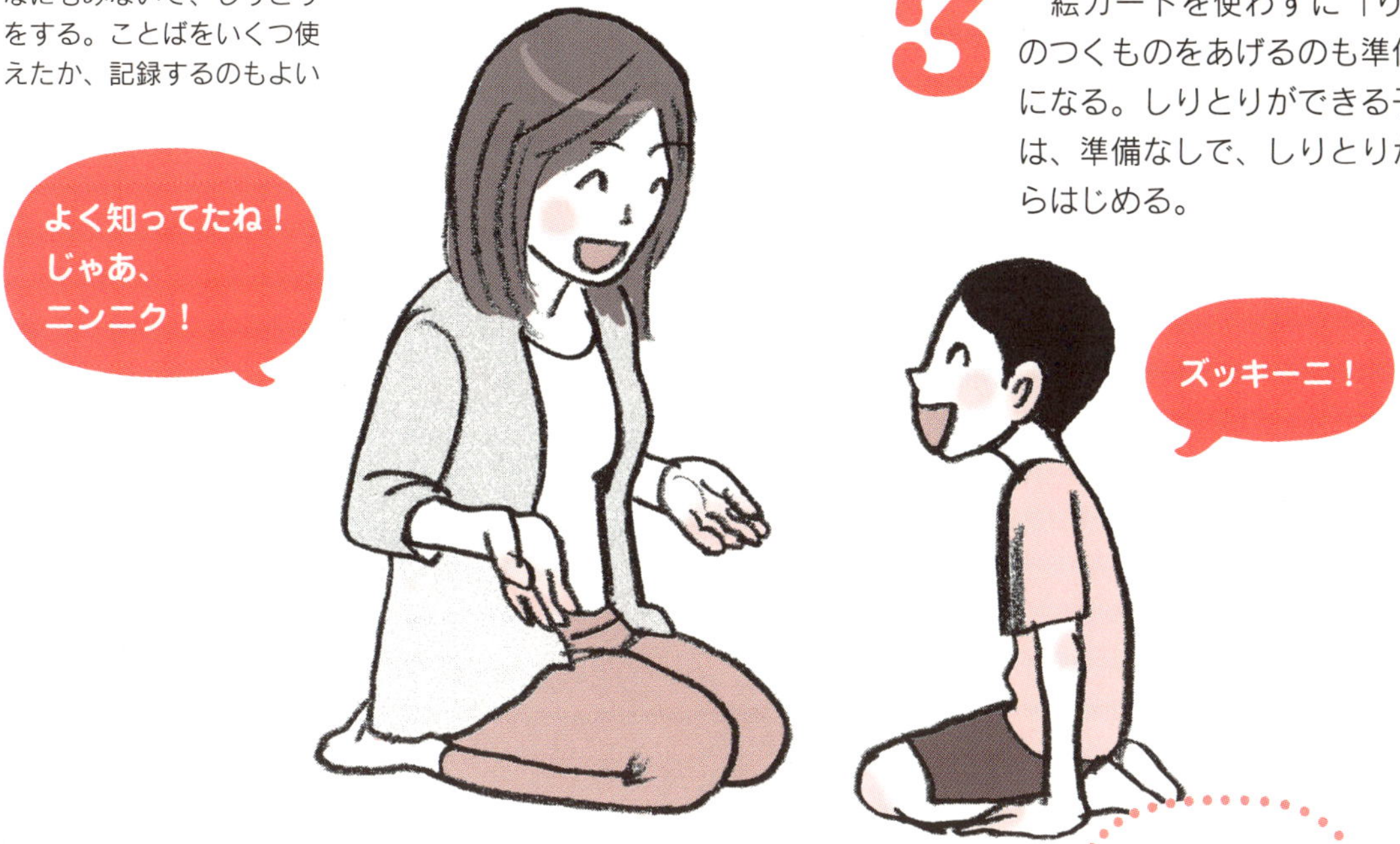
よく知ってたね！
じゃあ、
ニンニク！
ズッキーニ！

3 絵カードを使わずに「り」のつくものをあげるのも準備になる。しりとりができる子は、準備なしで、しりとりからはじめる。

4 しりとりをする。書き出しながら遊ぶとよい。以前と同じパターンが出たら「昨日と同じだよ」などと声をかけ、別のことばを探してもらう。

一度使ったパターンのくり返しは禁止

- 回数の目安：親が疲れない程度に
- 程度の目安：準備は必要ない子もいる。様子をみて調整する
- 難易度アップ：「果物」「動物」などジャンルを限定する

アレンジ

中とり・頭とり

しりとりをアレンジ。「中とり」は相手のことばの真ん中をとって、次のことばを探す遊び。「頭とり」は、相手のことばの頭文字を、自分のことばの最後の文字として使う。

●中とり

す(い)か→(い)(わ)し→(わ)ごむ→……

●頭とり

(り)んご→(と)(り)→は(と)→……

なぞなぞ遊び

ステージ１から３までのなぞなぞに挑戦！

どんな子に向く？

- 筆算はできるが文章題が苦手
- 口頭の指示が理解できない
- 考えを説明するのが苦手

ねらい

視覚や聴覚を働かせる

問いを理解し、答えを考える過程で、文章読解や意味理解の経験が積める。読むのが苦手な子には問題を文章題にして視覚的に示す。聞くのが苦手な子には問題を読み聞かせて聴覚的に示す。

効果

意味理解力がアップ

文章や口頭の指示を理解する力が上がる。また、比喩《ひゆ》や抽象的な表現に戸惑うことも減る。ことばに含まれる意図を理解できるようになるので、ことばから状態をイメージする力が育つ。

1 なぞなぞを考え出すのは手間がかかる。なぞなぞの本を買って、そのなかから子どもに合った問題を出す。

鼻が長い動物と言えば「ぞう」。答えを想像しやすい

2 まずはステージ１。「鼻が長くて体が大きい動物は？」のように、色や形、大きさ、味、使い方、状態などを具体的にのべる問題を出す。

問題を選ぶとき、親はステージを意識して

3 続いてステージ２へ。「パンはパンでも食べられないパンで、料理のときに活躍するのは？」のように、だじゃれや語呂合わせで答えを出す問題に挑戦。

辞書的な意味から離れて、音に注目できれば、答えはフライ「パン」だと気づく

4 ステージ３。「目玉が３つ、１本足で道路に立っているものは？」のように、たとえ話をもとに答えを考える問題を出す。

答えは「信号機」だが、ステージ１と同じ要領で考えて怪物を想像してしまう子も

5 子どもがなかなか答えられない場合にはヒントを出す。ヒントは各ステージのねらいに合わせて。ステージ１なら具体的な情報、３なら抽象的な情報を伝える。

- 回数の目安：週に３～４回、１回５～６問
- 程度の目安：３～４歳でステージ１、４～５歳で２、５～６歳で３ができはじめる
- 難易度アップ：なぞなぞの本を５～６冊買って、新しい問題を用意する。子どもが答えを暗記する前に新作を出す

アレンジ

仲間はずれ探し

単語を３～５個ほど並べ、仲間はずれを探してもらう。子どもは、意味や色、語呂など、どのような基準でグループ分けしたか、理由を書き出す。

● しょうゆ	理由
● みず	
● さとう	
● しお	

答えの例

❶「みず」は調味料ではない。❷「みず」は頭文字がさ行ではない。❸「さとう」だけ人の名前。複数の答え方ができ、ことばのさまざまな要素に目を向ける練習になる。

※淵本智美さん、淵本哲生くんが実際に使っているシートです。このように、お子さんの年齢や興味に合わせて、シートをつくってみてください。

順番クイズ　ひと目で円を大きい順に並べる

どんな子に向く？

- 簡単な計算が苦手
- 大小の区別が苦手
- 計算の仕方を忘れる

1　大きさの異なる複数の円と、その円をはめこむ型を用意する。市販のものでも、自作してもよい。厚紙や段ボールなどでつくれる。

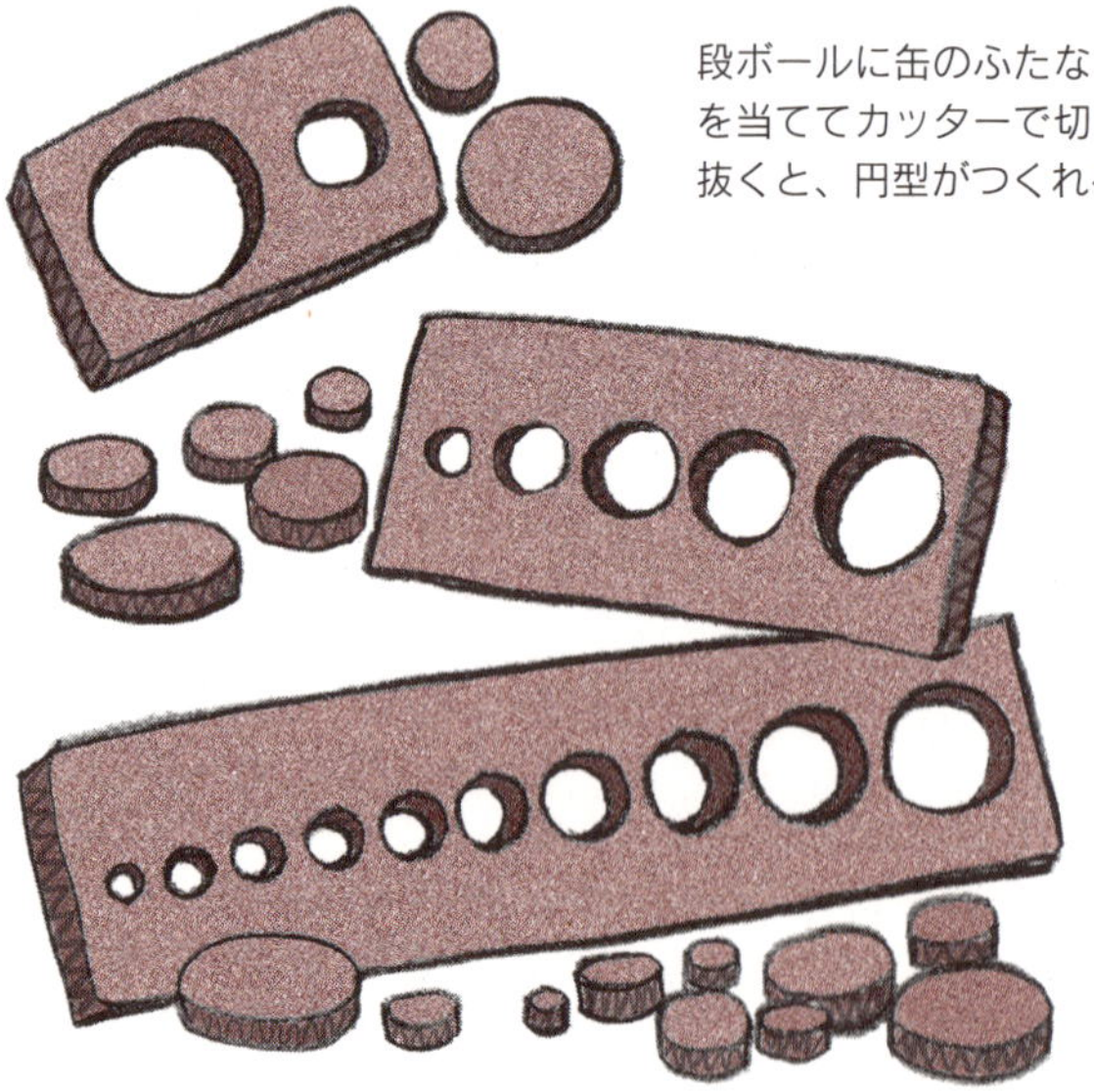

段ボールに缶のふたなどを当ててカッターで切り抜くと、円型がつくれる

2　クイズの流れを説明。最初は大小２種類の型はめからチャレンジ。これは簡単だが、数の概念の学習はこの比較からはじまる。

ねらい

数の「順序性」を学ぶ

数を学ぶためには順序性と数量の理解が基本に。具体的なものを使って大小や長短、高低を比較する経験を積むと、じょじょに順序性が身につく。円をみて大きさを比べることには、その意味がある。

効果

計算や比較ができるように

比較を通じ、数の「法則的に変化する性質」を理解することで、数の概念が身についていく。同時に、ものごとを順序立てて考えていく力もつちかわれる。

3

小学校入学前後の子の場合、5～10種の区別がつく。ぱっとみて、一度も間違えずにはめることができる。

数を口で言ったり字で書いたりしない。概念として学ぶ

間違えずにはめることができるかどうか、親がみてチェックする

4

5～10種のものを間違えずにはめられれば、順序性が学べている。同じ道具だと暗記してしまうので、さまざまなものを使うとよい。

- 回数の目安：週に2～3回。失敗したら何度かチャレンジ。
- 程度の目安：ひとつも間違えないことが正答の条件
- 難易度アップ：棒の長さの微妙な違いや、色の濃さの違いなど、区別しにくいものにも挑戦する

アレンジ

コップ重ねチャレンジ

大きさの違うコップを使って、同様のクイズをすることができる。入れ子式にコップを重ねることができるかチェックする。市販品を活用できる。

コップがさね／コンビ

かたまりクイズ

1円玉をお手本のとおりに並べる

どんな子に向く？

- 簡単な計算が苦手
- 量の見極めが苦手
- 片付けるのが下手

1 1円玉と、たて20cm×横10cm程度のシートを用意する。シートは普通紙、厚紙、紙皿など、1円玉数枚が載るものならなんでもよい。

2 シートに1円玉を1枚載せ、子どもにお手本としてみせる。なにも載っていないシートを置き、お手本どおりに1円玉を載せてもらう。1円玉の枚数を増やしていく。

最初は1円玉とシートがそれぞれ1枚ずつの「1対1対応」

どれも「3枚」だという共通点がわかるか

1円玉3枚を、3種類の並べ方で提示。いずれかをシートに再現してもらう

ねらい

「数量」を理解する

「順序性」（68ページ参照）と「数量」を理解することで、数の概念が育つ。ここでは1対1の対応関係をとおして、数量の意味を学ぶ。お手本として示された1円玉の個数を理解することがポイント。

効果

計算の基本がわかるように

数をかたまりとして理解できるようになる。数量の合成であるたし算や、数量の分解であるひき算など、計算の基本がわかり、計算ができるように。

机に向かい合わせに座って、お手本を提示。その横になにも載せていないシートと、大量の1円玉を置く

3 3枚のお手本を2枚や4枚で再現しているうちは、まだ数量が理解できていない。サンプル提示をくり返して、しっかり理解してもらう。枚数が合えば成功。次は5枚に。

4 5枚の1円玉をさまざまな形に並べてみせる。親がどれかを指定。子どもはその形をシートに再現する。大量の1円玉から、5枚を正確に抜き出せるかがポイント。

- 回数の目安：週に2〜3回、何度かチャレンジ
- 程度の目安：気乗りしない場合は子どもの好きな小物を使う
- 難易度アップ：1回ごとに枚数をかえる

5枚になると、さまざまな形がつくれる。
枚数が共通であることに気づきにくくなる

アレンジ

かたまりクイズ2

順序性と数量が理解できてきたら、次のクイズへ。左手と右手に何枚ずつの1円玉があるか、当ててもらう。大人は枚数を口に出さず、みせるだけで答えてもらう。

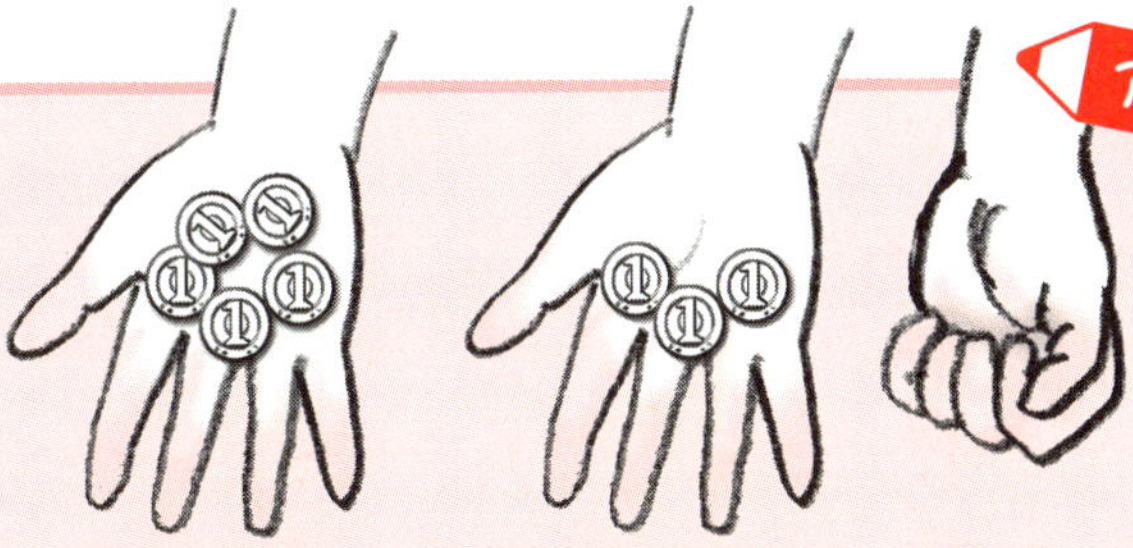

右手に数枚の1円玉を載せる

左手で何枚かつかみとる。右手に残ったかたまりをみせ、左手に何枚入っているか当ててもらう

タッチング遊び

親が指や道具で子どもの体にふれる

どんな子に向く？

- 空気が読めない
- 指示を落ち着いて聞けない
- 触覚防衛反応が出ている

ねらい

触覚の「識別系」を使う

子どもが、ふれられている部位に注意を向けることがポイント。皮膚の感覚で、どこをふれられているかを意識すると、「識別系」が育つ。この学習をとおして「原始系」にブレーキがかかる。

効果

セルフコントロールができるように

識別系を働かせると、触覚のネットワークが整理される。その結果、ボディイメージが発達し、動作が器用になっていく。自己像の形成やセルフコントロールにもつながる。

1 食器洗い用のスポンジ、ヘアブラシ、衣類用のブラシなど、かたさの異なる道具をいくつか用意する。

触覚系の働きがにぶい子は、ある程度強く押しても痛がらない。かたいたわしやブラシでも子どもがいやがらなければ問題ない

2 子どもにタッチング遊びを説明する。道具を子どもの腕や足などにつけて、押してみる。子どもがいやがらないものを選ぶ。

3

タッチングスタート。道具を子どもの肌に直接当て、ぎゅっと強く押す。まずは腕や足など、子どもがいやがらない部位からはじめる。

圧力がかかると、押されているところや親の目を見る。このとき「識別系」が働いている。「ここをみて」などと、ことばでヒントを出してはいけない

子どもの注意・関心が向くかどうかチェック

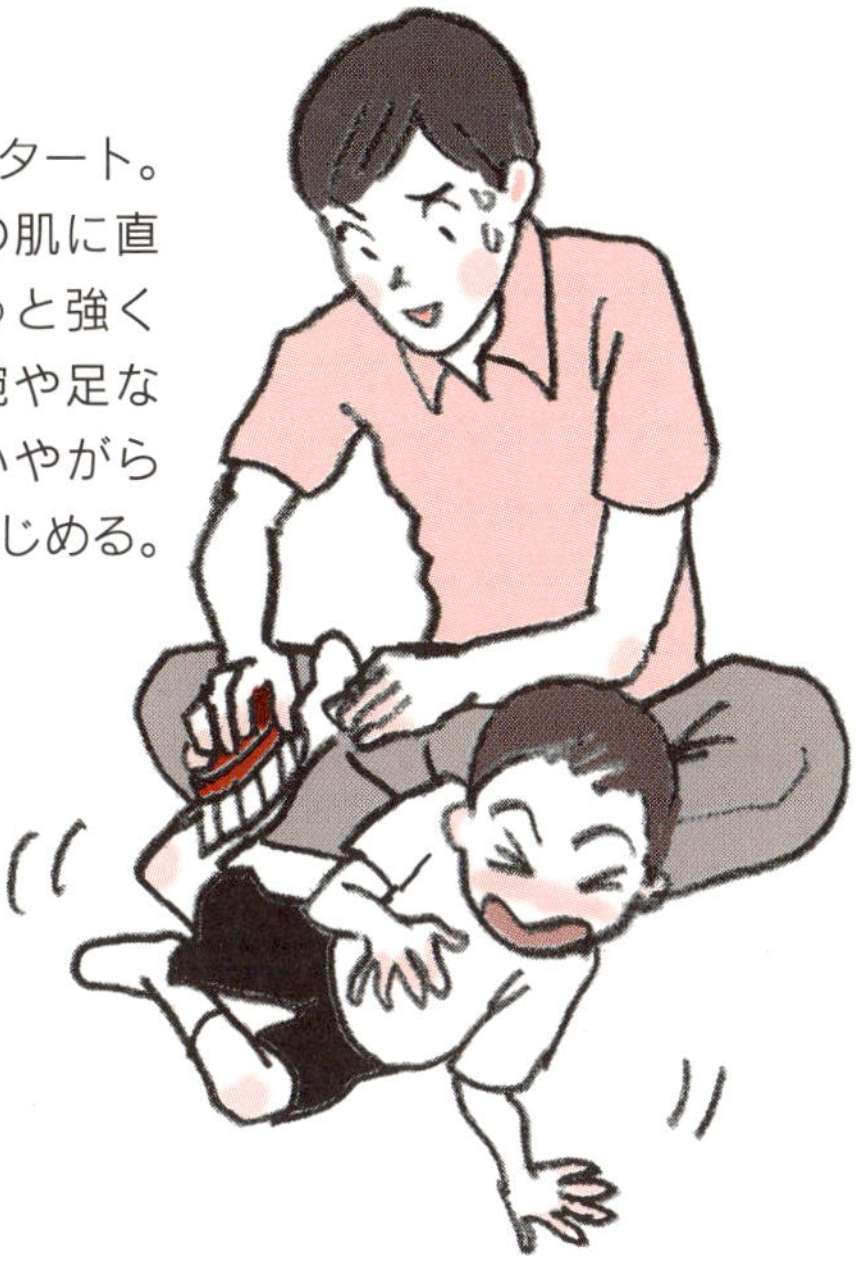

圧力が弱いと、くすぐったがり身をよじらせる。触覚の「原始系」が働いてしまっている

4

一定の圧力をかけながら、ほかの部位へとゆっくり道具を移動させる。ふくらはぎから太ももまで動かすのに10秒間かけるくらいのスピードで。

5

何度か体験するうちに、識別系が働くようになる。いずれは背中や脇腹、首まわりなど、子どもがふだんさわられるのをいやがる部位もタッチング。

- 回数の目安：週2～3回、3～5分間じっくりと
- 程度の目安：広く均等に圧力をかける。痛みは与えず、注意を向けるくらいの強さに
- 難易度アップ：数ヵ月間かけて、苦手な部位のタッチングにも挑戦

アレンジ

素手でタッチング

口元や指先など、道具を使いづらい部位は素手で。くちびるや舌のタッチングは、発音が不明瞭な子に効果的。ボディイメージができて発音もしやすくなる。

舌を指でつまむ。さ行・た行などが苦手な子に

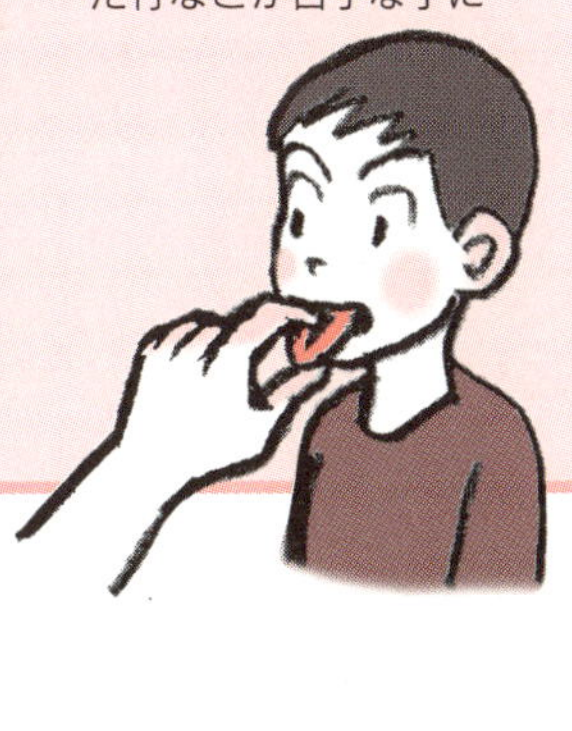

タッチングクイズ

背中に文字や数字を書いて当てる

どんな子に向く？

- 書くのが苦手
- 字が鏡文字になる
- 書き順を覚えられない

1 子どもの背中を撮影して、写真を印刷。左右の肩、脇腹、腰、合計６カ所に印をつける。写真をみせながら、クイズの流れを説明。

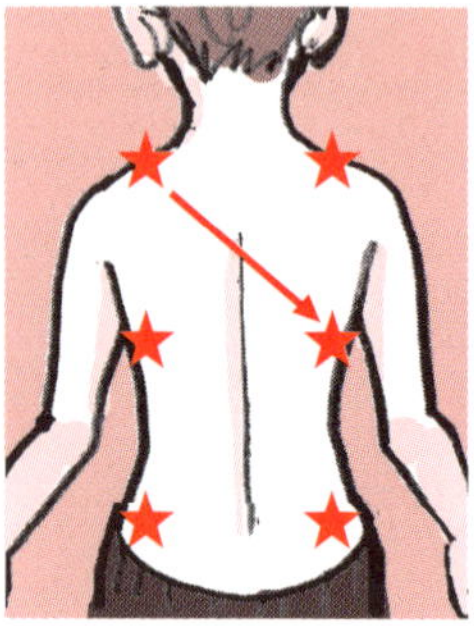

ステージ２はななめに１画

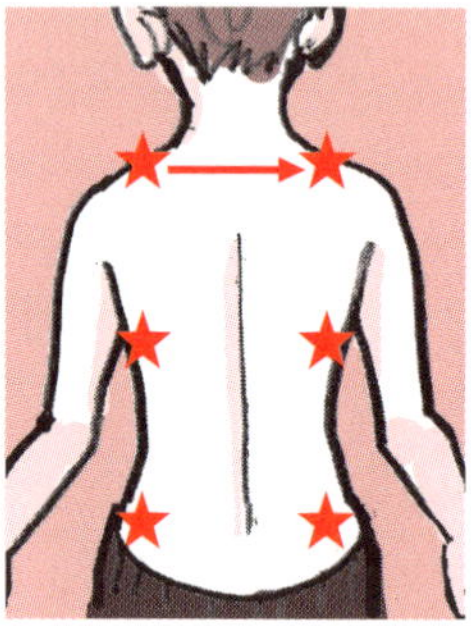

ステージ１はたてか横に１画

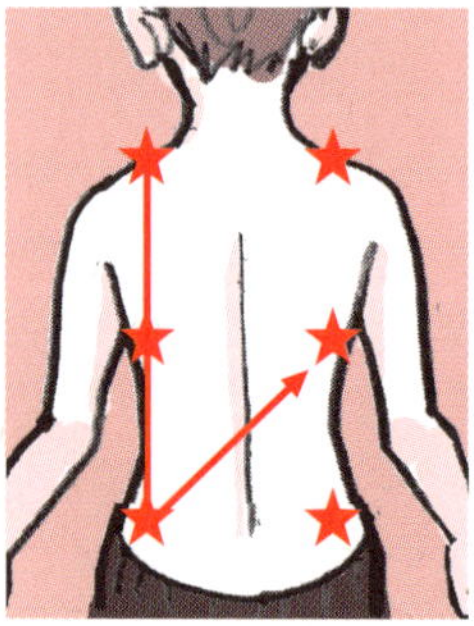

ステージ４はたて横ななめに２画

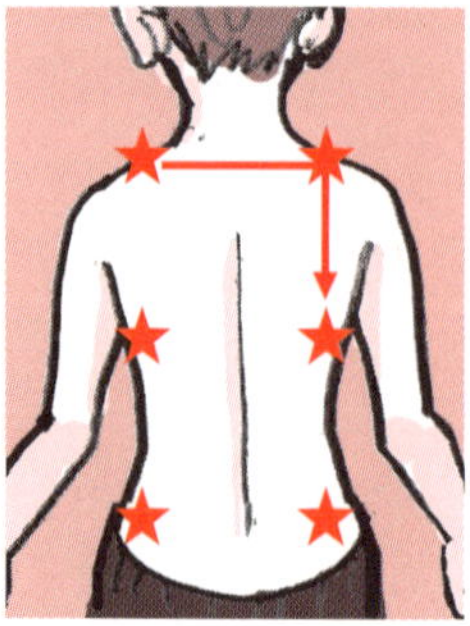

ステージ３はたてか横に２画

2 子どもに写真をみてもらい、親は子どもの背中に指で線を引く。最初はシンプルに、６つの印の２点をつなぐ線に。

ねらい

体で形を理解する

背中の感覚を使って、体で字の形を理解する。視覚で字を学ぶのが苦手な子は、まず視覚以外の感覚（ここでは触覚）から書体や書き順のイメージをつかむ。そのあとで視覚を使いながら字を学ぶ。

効果

文字のバランスがとれる

字を書くときや、体を動かすときに、上下左右の位置があまりずれなくなる。字のバランスがくずれたり、字がマスからはみ出すことが減る。左右が入れかわることもなくなっていく。

3 どの位置に線を引いたか、子どもに聞く。子どもは写真の印を指さして示す。正解したらステージを上げていく。

印6つが難しければ4つに。簡単なら9つに

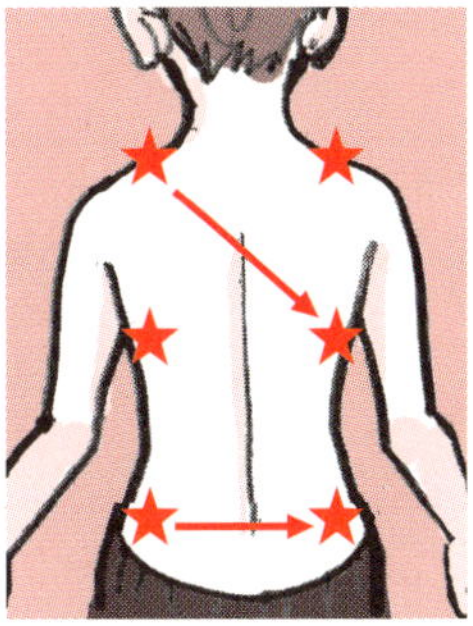

ステージ6は
ふた筆に分けて2画

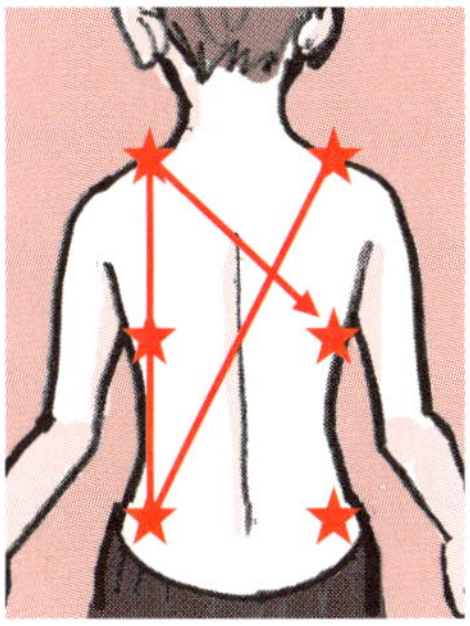

ステージ5は
たて横ななめに3画

背中の肌に直接、指を当てる。ぎゅっと押してゆっくり線を引く

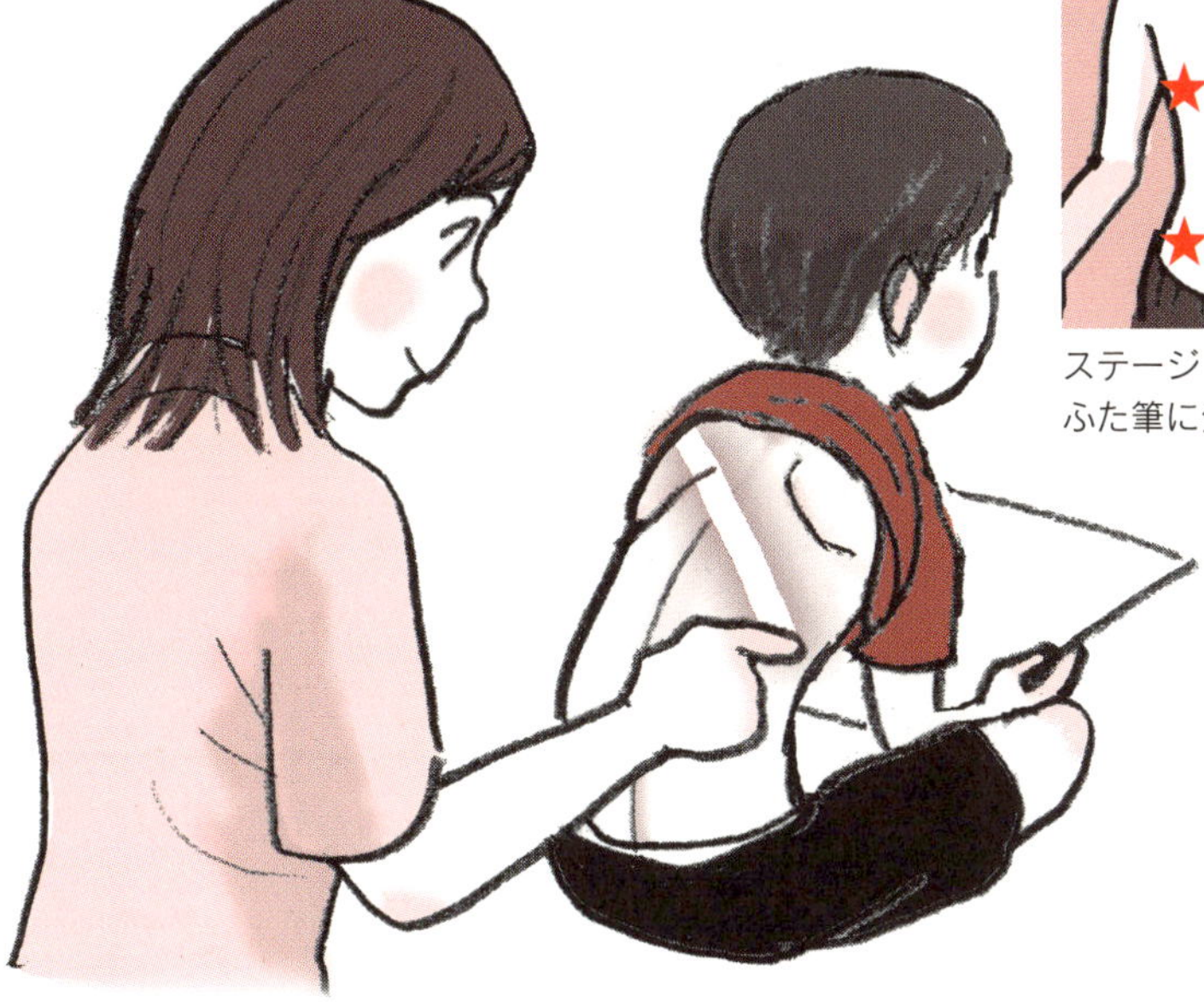

4 線を引く遊びができてきたら、次はかな文字や数字、簡単な図形を当てる遊びに。

5 子どもは写真をみないで、書かれたものを頭でイメージして、ことばで答える。図形の場合は写真に指で図を書いてもらう。

- 回数の目安：週2～3回、5～10問。正答数を記録する
- 程度の目安：ふだん字を書くスピードでよい
- 難易度アップ：年齢が上がったら漢字にも挑戦

アレンジ

手形とり遊び

不器用な子には手形とり遊びが有効。白紙に子どもの手を置き、親がえんぴつを使って手形を書く。えんぴつを指にぎゅっと押しつける。最初は子どもの指が動くが、じょじょに動かなくなっていく。

※手形とり遊びについては第1巻「感覚遊び・運動遊び」でくわしくとりあげています。ぜひご覧ください。

リズミカルジャンプ

「織田信長！」と言いながらジャンプ

どんな子に向く？

- いつもあまりにも早口
- 話し方がぎこちない
- 楽器の演奏が苦手

ねらい

リズム感を養う

1音につき1回ジャンプすることによって、音節を体で覚えていける。ことばに対するリズム感が養われる。話すときに、流ちょうさに欠ける子や、吃音がある子に、とくに適している。

効果

話し方がなめらかに

1音1音を認識できるようになり、話し方が全体的になめらかに。まわりの人が、話を聞きとってくれるようになる。話すときに文字が入れかわって、ことばを間違えることも減る。

1

子どもに、いまいちばん興味があることはなにか、聞いてみる。戦国武将やゲームキャラクターの名前、好きな駅など、なんでもよい。そのなかから、「織田信長」のように5～6文字程度のものを選ぶ。

親は近くにいて、子どもの発する音とジャンプがずれていないかどうか、チェックする

2

選んだものの文字数と同数の、ざぶとんや大きなシートなどを用意する。それらを床に置いたり貼りつけたりして、ジャンプの着地点とする。「お・だ・の・ぶ・な・が」の場合は6つ。

アレンジ じゃんけんすごろく

階段をのぼりながら遊ぶと、段差の数で音節の数が実感できる

じゃんけんをして勝ったほうが、規定のことばを言いながら、その文字数だけ進む。負けたほうはその場に。ゴールを決めておき、先にゴールについたほうが勝利。ことばは「チョキはチョコレイト」など、なんでもよい。

3 「おだのぶなが！」というふうに、選んだものを口に出して言いながら、1音あたり1回ジャンプして、着地点を渡って行く。それを何度かくり返す。1回のジャンプで「おだ」と言ってしまうなど、音とジャンプがずれたら失敗。

- 回数の目安：週1～2回、息切れしない程度
- 程度の目安：力は必要ない。遠くにとぶことより、音とジャンプの一致を重視する
- 難易度アップ：毎回、ことばをかえる

が！
着地したときすべって転ばないよう、ざぶとんを床に固定するなどの工夫を
の
な
ぶ

ぴったりジャンプ

床の上のマークをなぞるようにとぶ

どんな子に向く？

- 書き順が覚えられない
- 字を書くのが苦手
- 動作の順序を間違う

ねらい

動作の順序を全身で学ぶ

前後左右の方向や順序を意識しながらジャンプすることで、動きの順序を学ぶ。視覚的に提示した手順表をみて、頭の中で動きの順序をイメージし、実践する。高く遠くジャンプする必要はない。

効果

字の書き順がととのう

動きの順序が把握できるようになる。書き順を覚えやすくなり、また、作業の手順も頭に入りやすくなる。デスクワークで文字を練習するよりも、全身を使って学ぶほうが、手順を理解しやすい。

1 床に９つの着地点をつくる。ビニールテープなどをはりつける。遠くにジャンプする必要はないので、子どもの歩幅と同じくらいの幅でよい。それができたら、紙に同じように９つの点を書く。

点を６つにするとやさしく、16個にすると難しくなる

2 家族みんなでとりくむ。子どものそばに立つ人、着地点から少し離れて、正面に立つ人に分かれる。参加する人全員に遊び方を説明。

3 子どものそばに立つ人は、9つの点を書いた手順表を持ち、子どもにそれをみせる。表と床が同じように9つの点になっていることを確認してもらう。

表をみせながら、
とぶ順序を説明する

4 表にスタート地点と、そこからジャンプしていく順番を書く。たて横ななめに動くように。ぜんぶで2～3回のジャンプからはじめ、5～6回まで増やす。順番は数字で示す。子どもにみせ、説明する。

水たまりをとびこえるときのように、ぴょんと軽くとぶ

とびはじめたら向きをかえない

5 説明したとおりにジャンプしてもらう。子どもにはつねに正面を向いていてもらう。正面に立った人が「こっちを向いたままね」などと声をかけるとよい。

- 回数の目安：週に2～3回、一度に3～5回
- 程度の目安：軽くはねてとびうつるように。ハイジャンプはしない
- 難易度アップ：順番を増やす。戻る動きを入れるなどして、複雑に

アレンジ

巨大文字遊び

全身を使って字を学ぶ遊びとして巨大文字遊びがある。校庭や広場など、地面が土の場所に行き、石などで地面に大きな字を書く。全身をめいっぱい動かしながら書き、終わったら少し離れた場所から字をみる。字の形や書き順を全身で学ぶことができる。

バランス遊び

ブランコや回転イスで体を大きくゆらす

1 公園に行けば、なにも道具を用意せずにバランス遊びができる。ブランコやすべり台、ジャングルジムのあるところがよい。

動物型の遊具は、またがってグラグラとゆらして遊べる。これもバランス遊びになる

2 ブランコなどで、体をゆらして遊ぶ。前庭覚は体が傾いたときに働くため、子どもがいやがらなければ、大きくゆらしたほうがよい。

どんな子に向く？

- 落ち着きがない
- 読み書きが苦手
- ことばを使いこなせない

ねらい

前庭覚を働かせる

バランス遊びのねらいはそのままズバリ、前庭覚を働かせて、バランス感覚を育むこと。遊具などを使って、体をゆらすことで、脳に感覚情報を送る。ゆれや回転の強さは子どもによって異なる。

効果

姿勢や視線が安定

バランスをとることができるようになり、まず姿勢の中心軸が安定する。背すじを伸ばして座っていられるように。同時並行的に、眼球運動も発達していく。落ち着いて読み書きできるように。

3 家庭に回転イスやトランポリンがある場合には、家の中でもバランス遊びができる。体を大きくゆらしたいので、音を立ててもよい環境で。

回転するイスがあれば、すぐにでもできる

4 ひとつの遊具で遊ぶのではなく、複数を使う。前後のゆれや上下のゆれ、左右のゆれ、回転など、各種の動きを体験する。

- 回数の目安：週 2 ～ 3 回、10 ～ 30 分
- 程度の目安：はき気をもよおさないように注意
- 難易度アップ：回転したりゆれたりしながら、ボールやダーツを的に当てる。回転イスやトランポリンでできる。

ひじかけがあるイスは安定感があり、子どもが座って回転するのに適している

直径 100cm 程度の家庭用トランポリンは、数千円で手に入る

アレンジ

アスレチック遊び

またぐ・くぐる・よじのぼる・ぶら下がるなどの動きができる、アスレチック施設のある公園へ。体をよく使って、前庭覚とともに、触覚や固有覚も育てる。

※バランス遊びやアスレチック遊びは第 1 巻「感覚遊び・運動遊び」でくわしくとりあげています。

ポーズ＆キープ

特定のポーズで５秒間ストップ

1 スクワット、腹筋運動、腕立てふせのなかで、親子どちらも知っている動きを使って遊ぶ。

中腰のまま止まる。ひざの角度が45度になるようなイメージ。体に力を入れないとキープできない

2 スクワットの場合は、立った姿勢からしゃがむ姿勢への動作をくり返すのがふつうだが、その中間で姿勢を止める。その体勢をキープする。

どんな子に向く？

- おゆうぎが苦手
- いつも大声で話す
- 動作が全般的にがさつ

ねらい

中間位《ちゅうかんい》のコントロール

体勢を途中で止めて、保持することで「中間位」のコントロールを経験する。筋力トレーニングではなく、力加減を学ぶ。止める・動かすの２択ではなく、その中間のこまかな調整を身につける。

効果

力加減が身につく

体の動かし方がこまやかになり、それにともなって、力加減が身につく。字を書くときや道具を使うときに、手先の不器用さによるミスが減る。また、声の大きさの調整もできるようになっていく。

途中で止めることがポイント。体の動きの調整を意識する

3 同じように、腹筋運動でもチャレンジ。あおむけから上体を起こすのがふつうだが、その中間でポーズ。

上体と床との角度が45度になるように。腹筋や背筋に力が入り、感覚が働く

4 体を止めることと、大きく動かすことのちょうど間の動きになるように、意識する。腕立てふせではひじの角度が45度に。

- 回数の目安：週に1～2回、3～30秒間ほどキープ
- 程度の目安：体にかなり負担をかけるので、疲れない程度に
- 難易度アップ：秒数を増やす

アレンジ

ジャングルジムくぐり

公園などでジャングルジムを使って遊ぶ。下から2段目や3段目などを、前向きに進む。最上段や地面と違い、手足や体をほどよく曲げ、かがまないとうまく進めないため、固有覚をよく使う学習になる。

前向きができたら、うしろ向きにも挑戦！

まねっこゲーム

大人のポーズを、子どもがまねる

どんな子に向く？

- おゆうぎが苦手
- 動作が全般的にがさつ
- 集団行動が苦手

ねらい

スローモーションで学ぶ

P82のポーズ＆キープと同様に、固有覚を使って力加減を学ぶ。ポーズ＆キープはストップモーション、まねっこゲームはスローモーションを使った学習。動きは異なるがねらいは共通。

効果

力加減が身につく

P82と同様に、体の動かし方がこまやかになり、力加減が身についていく。まねをすることで、ほかの人の動きに目がいくようになる子も。また、左右を意識すると、空間認知が身につく場合もある。

1 親子で向かい合って座る。お互いの体の動きがよくみえ、手足がぶつからないように距離をとる。

子どもは最初はみるだけ。親のポーズをよくみてもらう

2 ゲームを説明。親が「よくみてね」などと言いながら、ポーズをつくる。その後、手足や体をゆっくり動かす。

3 「はい、まねして」などと呼びかけて、子どもにまねしてもらう。同じように動かせたかチェックして、できていればほめる。できていなくても「おしい」などと励ます。

左右があっているかどうかチェック

親が右手をほほにつけたとき、左手をほほにつける子もいる。鏡のようになってしまう

4 ひとつのポーズが終わったら、次のポーズへ。毎回、ポーズをかえる。左右で違う形をつくるポーズにするのもよい。立って、足を使うのも工夫に。

- 回数の目安：週２～３回、１回10ポーズ
- 程度の目安：体をぶつけたり、転んだりしないように
- 難易度アップ：子どもに合わせて、ポーズの難しさを調整

アレンジ

積み木くずし遊び

積み木やブロックを積み上げ、２人で交互にひとつずつ抜いていき、先にくずしてしまったほうが負け。繊細な作業が必要になるため、力加減が身につく。

ゆっくり丁寧に引き抜く動作をすることで、固有覚が働く

COLUMN

さけたいことば

おどし語 〜しないと……

手を洗わないと、おやつをあげないよ！

×

おどし語

　おどすような言い方。子どもには、手が汚れたら洗うという行動様式よりも、親の言うことを聞かないとこわいという恐怖心が残ってしまう。

↓

目標共有語

　おやつや遊びなど、子どもの望むことを目標として示す。手をきれいにすることが、自分の目標につながっていく大事なステップだと理解できる。

おやつにしよう！その前に手を洗ってきてね

○

手が汚れたまま、おなかがすいたと言っている子。おどし語で、手を洗っていないことを責めるよりも、おやつを目標として示す

4 「正しく」より「楽しく」が大事

遊びの最大の魅力は、楽しいことです。
読み書きが苦手な子は、読み書きの練習も、やはり苦手です。
その方法がどんなに正しくても、つらいのです。
それよりも、親子で楽しく遊びながら感覚を働かせ、
読み書きやことば、数の基礎となる力を育てていきましょう。
正しい練習には、そのあとでとりくめばいいのですから。

どんな遊びも、強制すれば効果半減

発達をうながすたすけになる遊びでも、子どもの希望を聞かずに強制していては、効果は期待できません。どんな遊びにも、その子に合う場合と合わない場合があります。

追いつめる指導はさける

本で紹介されている遊びだからといって、子どもの希望を聞かずに押しつけていては、厳しい指導のようになってしまいます。

読み書き遊び・コミュニケーション遊び

本書で紹介している15の遊び。楽しみながら感覚を豊かに使うことができるが、必ず子どもに合うとはかぎらない。

子どもに強制

子どもに遊びを強くすすめる。本人の希望を聞かず、遊びの意義を見失ってしまう。

親を指導

指導者など、親に助言する立場の人が、親と子に課題を押しつけるのも問題。

よくない例

子どもが疲れはてるまでやらせては、つらさを学習して逆効果に

POINT

理想だけでは……

「こう育てたい」という理想も大切だが、そこにたどりつくまでのステップのほうがより大切。

遊べばよいというわけではない

目や体を動かす遊びや、ことばをよく使う遊びは、脳の感覚情報の整理に役立ち、子どもの発達をうながすたすけになります。

ただし、子どもの状態に合った遊びを選び、適度におこなう必要があります。効果を追い求めるあまり、子どもに合わない遊びを義務のようにやらせていても、効果は期待できません。

強要する親と、いやがる子どもの間で衝突が起きる

合わない場合もある

どんな遊びにも、子どもによって合う合わないがある。合わない遊びを強制すれば子どもの負担に。

効果が出ない

指導されたとおりにとりくんでも、効果が出にくい。本人も大人もやる気がなくなっていく。

自信を失う

同じ遊びで、ほかの子が目にみえて成長することもある。それをみて子どもが自信を失う。

指導者は

ニーズを読みとる

子どもと親が、それぞれどのようなことに悩んでいるか把握したうえで、それに合った遊びを提案しましょう。先に遊びありきでは、親子に合わないとりくみを紹介してしまう場合があります。まず子どもの発達ニーズと親の子育てニーズありきです。

家族は

正しさにとらわれない

正しく遊ばせようと思っていると、どうしても強制的な言い方になっていきます。子どもに遊びを伝えるときは「提案」するつもりで。本人の希望を聞き、場合によっては別の遊びにかえるという柔軟性が必要です。正しさにとらわれないでください。

家族で楽しく続けられることが大前提

遊びの最大の魅力は、楽しいことです。訓練とは違い、子どもは夢中になってとりくみます。ただし、遊びが子どもの興味にヒットする必要があります。

楽しめるように支援する

悩んでいる子やその親には、指導以上に支援が必要です。遊びは親と子の生活を豊かにしていくものです。

子どもを支援

子どもに遊びを紹介して、発達をうながす機会をつくる。強制せず、提案する。

親を支援

親にも支援が必要。遊びにとりくむことが親の義務のようにならないよう注意。

読み書き遊び・コミュニケーション遊び

本書で紹介している15の遊び。楽しみながら感覚を豊かに使うことができる。子どもの発達をうながすたすけに。

POINT

遊びの効果を知る

それぞれの遊びに、どのようなねらいや効果があるのか、知っておく。親は知っておくだけでよい。

よい例

指導者は遊びの特性を知っている。効果的な方法を紹介してくれる

楽しくて効果のあるものを

指導者は、遊びの先に期待できる効果を考えて、親と子を導いていくものです。

子どもの生活をよくみて、その子が困っていることの改善につながる遊びを選んでいます。

いくつかの遊びのなかから、子どもの興味にヒットしたものにとりくんでいきます。

POINT

親の立場・指導者の立場

指導者と子どもとの関係は社会的な契約に基づくもの。いっぽう親は生涯、親であり続ける。だからこそ「楽しく」を大切に。

よく遊び、コミュニケーションをよくとっていれば、子どもが中高生に成長したときにも、親子関係が安定する

対応がヒット

遊びが子どもの興味にヒットすれば、親子で楽しみながらとりくめる。

工夫する

遊び慣れて子どもがあきてきたら、難易度を見直し、楽しめるように工夫する。

楽しく続けられる

適度に難しく、達成感のある遊びであれば、ずっと楽しみながら続けていける。

指導者は

親も支援していく

子どもの悩みの背景を読みとり、適切な遊びを選び出すことは、親には難しいでしょう。指導者の目で子どもをみて、親に助言してください。子どもが暮らしにくさを抱えているのと同じように、親もわが子の育てにくさに困っています。親にも支援が必要です。

家族は

楽しむだけでよい

遊びのねらいや効果を意識しすぎて、遊びが成長のための手段になってしまわないよう、肩の力を抜いてください。遊びは楽しく、それ自体が目的となるものです。親も子も、楽しむことを第一にして、ねらいや効果のことは指導者にまかせましょう。

遊ぶときのポイント

親も子も、「自己有能感」を大切に

読み書きやコミュニケーションの悩みを抱えている子は、日ごろよく注意され、自信を失いがちです。遊びを通じて自己有能感を回復させていきましょう。

自分を肯定的に受け止める心の働き

生活上の困難を抱える子や、その家族は、失敗体験によって自己有能感をすり減らしています。

子どもは、自分を信じることができなければ、勉強や運動などにとりくむ意欲ももてなくなっていきます。困難は解消せず、事態は悪化してしまいます。

遊びや生活のなかで、自己有能感を育むことが大切です。子どもの活動を肯定的に受け止めるようにしてください。必要なのは、認め、ほめ、はげますことです。

子どもをほめて育てることによって、親自身の自己有能感も回復していきます。

自己有能感のもとになる経験

日々の生活のなかで、自分を肯定できる経験、自分を肯定してもらう経験を積むことが、自己有能感のもとになります。

①はげまされた
幼いころから両親にはげまされてきたことが、自信の源になる

②無条件の受け止め
存在を否定されることなく育つと、両親に信頼感をもてるように

③自分で選び、自分で決めた
本人の選択能力で食べたいものや着たい服を選択・決定した

④達成感
「できた」という事実の積み重ねが、本人の自信を形づくる

⑤他者との共感
成功したことをほかの人と喜び合う経験

うまくできたら親子でハイタッチ！ そのときの喜びが、次のチャレンジの力になる

自分をはげませる子に

まわりの人にはげまされ、成功体験を積むことによって、自己有能感が育っていきます。

POINT

思春期までに育てたい

「自分は何者なのか」と考えはじめる思春期には、自己有能感が育っていれば心のコントロールがきく。

チャレンジ精神

たとえ失敗しても、自分をはげまして、もう一度とりくむことができる。まわりの人にはチャレンジ精神旺盛にみえる

意欲がわく

失敗しても……

自己有能感

自分をほかの人と比べずに肯定でき、ほめることができ、はげますことができる、心の働き

自分で自分をはげまして再チャレンジ！

指導者は

5つの経験を実践する

指導者は、右ページの５つの経験を実践して、子どもの自己有能感を育てていきます。また、親に適切な助言をすることで、親の自己有能感を育てることも大切です。親子が自信をもってとりくめるプログラムを紹介しましょう。

家族は

意識しすぎないで

親が右ページの５つの経験を意識して、子どもの自己有能感を育てていくのは、至難の業です。子どもをほめて育てること、子どもを信じることはめざしながらも、それ以外のことは意識しすぎないようにしましょう。

反抗期をとおして、自我が育つ

幼児期には第一次反抗期がありますが、子どもは反抗するなかで、自我を発達させていきます。

成長しているから反抗できる

第一次反抗期には、子どもの「シナリオをつくる力」が発達していきます。

初期には場当たり的なシナリオしかつくれませんが、じょじょに先を見通すことができるようになり、中期には、事前の約束が可能になります。後期には自分で目標を立て、そのシナリオにそって行動できるようになっていきます。

そのようにしてシナリオをつくることが、自我の発達に影響していきます。反抗するのは、自我が成長している証拠でもあるのです。

2歳手前～8歳ごろの反抗期

反抗期には2歳手前に現れはじめる「第一次」と思春期に現れる「第二次」があります。ここでとりあげるのは第一次反抗期です。

年齢 2 — 4 — 6

なんでもいやがる初期
2歳手前～3歳ごろ。とにかくいやがるが、本人の考えは場当たり的なもの。おもちゃで興味を引く対応（子どもだまし対応）でおさまる

要求が出る中期
4～6歳ごろ。要求がかなえられないと騒ぐ。本人なりに考えがあるので、子どもだまし対応は通じない。事前に約束をするとよい

納得しない後期
5～7歳ごろ。ふだん反抗はみられないが、ものごとを受け入れないときがある。いつもがまんだと感じさせないよう、日ごろから自己目標を立ててもらう

POINT

あくまでも目安

第一次反抗期を三期に分けるのは目安。子どもの特徴的なふるまいで分けたもの。対応策がみえやすくなる。

4つの発達を伴う

第一次反抗期を迎えるためには、4つの要素が発達している必要があります。そのいずれかが不足していると、子どもは発達レベルに合わない反抗を示します。

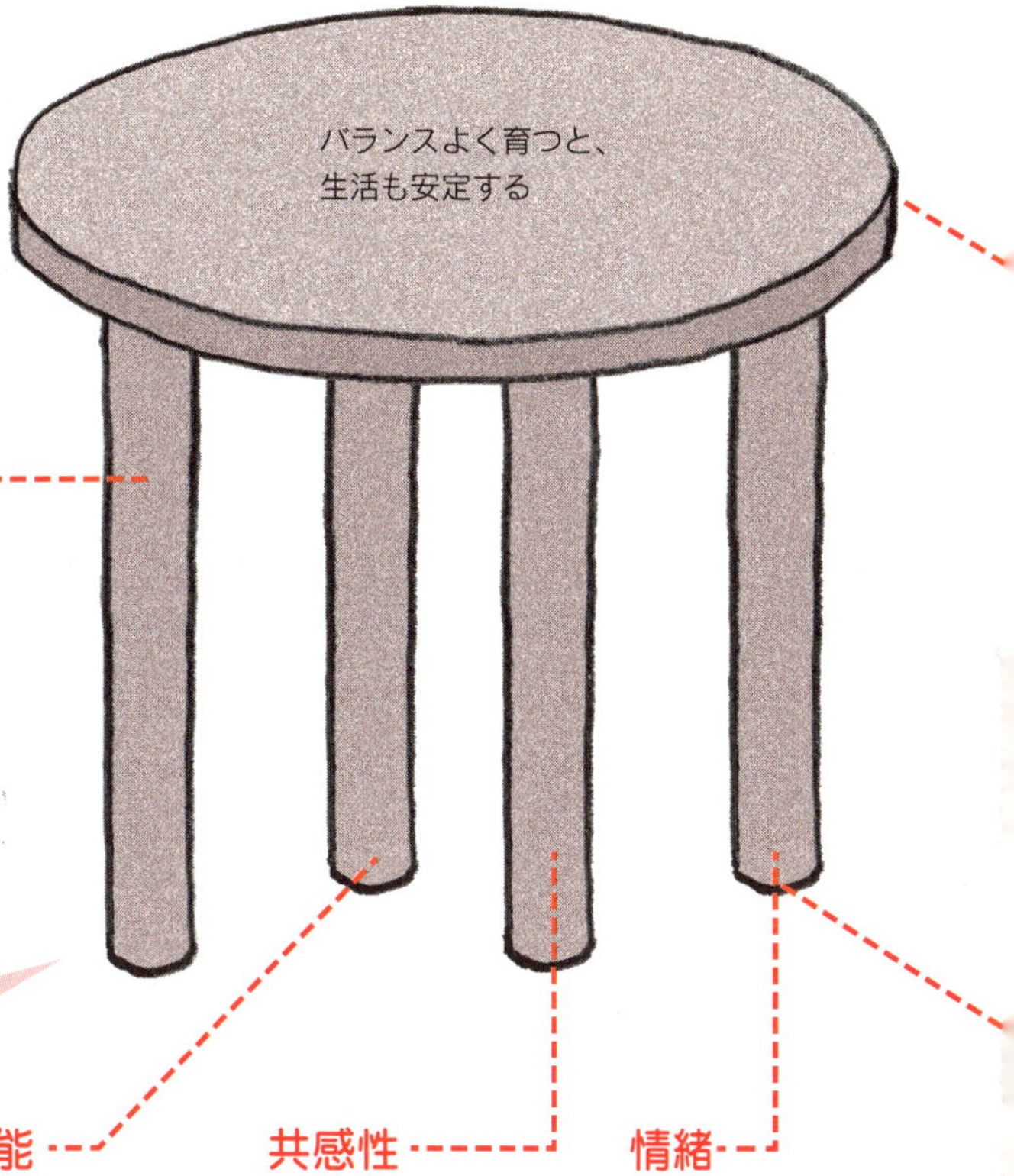

バランスよく育つと、
生活も安定する
表現力
動作や表情、ことばで気持ちを表現する力
知能
ルールの理解力や、シナリオをつくる力
共感性
動作や表情、ことば、興味を共有する心の働き。安心感の基盤となる
情緒
喜怒哀楽の発達。安定性と躍動性の両方が育つ

POINT

バランスが崩れると、反抗の仕方も不安定に

4つの要素の一部が欠けると、反抗的な態度をとる条件も、反抗の仕方も、一定しなくなる。反抗期として読みとりづらくなる。

指導者は

ひずみを読みとる

子どもの状態から、4つの要素の発達度を読みとります。それにそって、親に生活上の注意点や、遊びなどの活動を提案しましょう。共感性や情緒などの発達を支援します。

家族は

指導者に相談を

家族が子どもの反抗期や、4つの要素の発達を読みとることは難しいでしょう。子どもの反抗の仕方が不規則で理解に苦しむという場合には、指導者に相談してください。

発達的視点と療育的視点を知っておく

子どもの悩みの背景を理解し、それに合った対応法を選ぶためには、指導者には二つの専門的な視点が必要です。

対応を考えるうえで不可欠な視点

子どもの抱えている悩みに適切に対応していくためには、専門的な二つの視点から、子どもをよくみる必要があります。

発達的視点で子どものつまずきを把握し、その対策を、療育的視点で考えていきます。

どちらも専門知識を必要とする視点で、両親に求められるものではありません。指導者に相談して、助言を求めてください。

指導者であれば、子どもの状態像を分析し、問題点を整理して、その対策を示すことができます。それによって、根拠のある対応ができるようになります。

2つの重要な視点

指導者は子どもの発達の様子に目を向け、その結果にそって対応法を考え、アドバイスをしています。

発達的視点

子どもの発達のつまずきをみる視点。つまずきは「○○ができる／できない」というものさしだけでは読みとれない。

↓

背景を知る

子どもが挑戦する意欲を失い「未学習」になること、学びを修正できず「誤学習」になることがつまずきの背景となる。

療育的視点

子どもにどのような療育が必要か、考える視点。「なぜ○○ができないのか」の「なぜ」を考えて仮説を立て、対応する。

↓

仮説を立てる

仮説を立てるためには専門知識や学習が必要。仮説を立てずに対応すると、憶測や思いこみにおちいりやすい。

アスペルガー症候群の子には理解力があることを示すために、わざとクラスメイトがいる前でルールを説明する

子どもを支える3つの対応

子どもの学び方の問題とその対応がわかれば、あとは実践するだけです。その際、3つのキーワードを頭に入れておきましょう。

よりそい対応

表情やしぐさなどから、子どものことばにならない気持ちを受け止める。まずは子どもによりそい、ことばかけを工夫。その後、特性への理解を深めていく。

仲間づくり対応

子どもの特性を理解し、ほかの子の前で、その子のプラス面を評価する。ほかの子のことも一人ひとり評価する。マイナス面が少しよくなっただけでもほめるとよい。

先どり対応

子どもの特性を理解し、その子が失敗しそうなとき、先どりして声をかけ、本人に行動を意識化させる。本人が問題に気づきやすくなる。

子どもが教室や廊下でボールをけりそうだったら「いまけったらどうなる？」と声をかける。子どもの行動を先どりする

家族も 指導者も

本人のつらさを理解して

3つの対応は、いずれも子ども本人のつらさを理解し、サポートするもの。療育的対応の一例です。親がすべて実践するのは簡単ではありません。専門家が中心となって、大人全員で対応していきましょう。

さけたいことば

感情語 ちょっと！

子どもが部屋で水遊びをしていたら、感情的に声をかけたくなるのも当然だが……

×

感情語

子どもを注意するときに感情的なことばを使うと、なにが悪かったのか、子どもに伝わらない。子どもにはイライラが伝わるだけ。

↓

アイ・メッセージ

子どもに「私は」を主語にして、自分の気持ちを伝える。なにがいやだったか、なにが腹立たしかったかを、ことばにして示す。

お母さん、部屋で水遊びするのはいやなの

○

■監修者プロフィール

木村　順（きむら・じゅん）

1957年、大阪府生まれ。作業療法士。日本福祉大学社会福祉学部卒業、都立保健科学大学大学院修了。金沢大学医療技術短期大学部、金沢大学付属養護学校、うめだ・あけぼの学園などをへて、2004年に私塾「療育塾ドリームタイム」を設立。発達障害などに悩む親子の相談を受けている。三児の父親。

専門は発達療育、著書に『育てにくい子にはわけがある』（大月書店）などがある。

連絡先（Eメール）　kimura@dreamtime.jp

健康ライブラリー

発達障害《はったつしょうがい》の子《こ》の読《よ》み書《か》き遊《あそ》び・コミュニケーション遊《あそ》び

感覚統合《かんかくとうごう》をいかし、適応力《てきおうりょく》を育《そだ》てよう 2

2011年 8月30日　第 1 刷発行
2019年 6月14日　第13刷発行

監修	木村　順（きむら・じゅん）
発行者	渡瀬昌彦
発行所	株式会社 講談社 東京都文京区音羽2丁目-12-21 郵便番号　112-8001 電話番号　編集　03-5395-3560 販売　03-5395-4415 業務　03-5395-3615
印刷所	凸版印刷株式会社
製本所	株式会社若林製本工場

N.D.C.493　98p　21cm

©Jun Kimura 2011, Printed in Japan

定価はカバーに表示してあります。
落丁本・乱丁本は購入書店名を明記のうえ、小社業務宛にお送りください。送料小社負担にてお取り替えいたします。なお、この本についてのお問い合わせは、第一事業局学芸部からだとこころ編集宛にお願いいたします。本書のコピー、スキャン、デジタル化等の無断複製は著作権法上での例外を除き禁じられています。本書を代行業者等の第三者に依頼してスキャンやデジタル化することはたとえ個人や家庭内の利用でも著作権法違反です。本書からの複写を希望される場合は、日本複製権センター（☎03－3401－2382）にご連絡ください。Ⓡ<日本複製権センター委託出版物>

ISBN978-4-06-259667-1

● **編集協力**
オフィス201

● **カバーデザイン**
小林はるひ
（スプリング・スプリング）

● **カバーイラスト**
山本正明

● **本文デザイン**
南雲デザイン

● **本文イラスト**
梶原香央里

■ **取材協力**

木村ゆめの
療育塾ドリームタイム参加者のみなさま
療育スタジオさくら（本書の監修者・木村順が毎月4回程度、個別療育を実施。埼玉県川口市。電話048-291-5312にて受付）

■ **参考文献・参考資料**

木村順著
『育てにくい子にはわけがある』（大月書店）

木村順作成
「コメントペーパー」（療育塾ドリームタイム）

木村順監修
『これでわかる「気になる子」の育て方』（成美堂出版）

木村順監修
『発達障害の子の感覚遊び・運動遊び』（講談社）

講談社　健康ライブラリー　イラスト版

ＡＤ／ＨＤ（注意欠陥／多動性障害）のすべてがわかる本

市川宏伸　監修
日本発達障害ネットワーク理事長

落ち着きのない子どもは、心の病気にかかっている？
多動の原因と対応策を解説。子どもの悩みがわかる本。

1200円（本体）

自閉症のすべてがわかる本

佐々木正美　監修
児童精神科医

自閉症は、病気じゃない。子どものもつ特性を理解して
寄り添い方を工夫すれば、豊かな発達が望めます。

1200円（本体）

アスペルガー症候群・高機能自閉症のすべてがわかる本

佐々木正美　監修
児童精神科医

自閉症の一群でありながら、話し言葉は達者なのが、
アスペルガー症候群。自閉症と異なる支援が必要です。

1200円（本体）

ＬＤ（学習障害）のすべてがわかる本

上野一彦　監修
東京学芸大学名誉教授

「学びにくさ」をもつ子どもたちを支援する方法と、
特別支援教育による学習環境の変化、注意点を紹介。

1200円（本体）

講談社　健康ライブラリー　スペシャル

『発達障害の子の感覚遊び・運動遊び』

感覚統合をいかし、適応力を育てよう　1

手先が不器用な子、姿勢が悪い子、
落ち着きがない子、拒否が多い子など、
感覚面・運動面の悩みを抱える子どもたちのために、
その悩みの解消に役立つ遊びを紹介しています。
遊びを活用することで、子どもたちは
楽しみながら全身を使い、感覚の働かせ方、
体の動かし方を学ぶことができます。
特別な道具を使わず、すぐにはじめられる遊びを
一五種類、掲載しています。

木村順　監修
作業療法士

①手先を使う遊びを
多数、紹介

②バランス遊びを
くわしく解説

『発達障害の子の読み書き遊び・コミュニケーション遊び』とあわせてご覧ください。

1300円（本体）